语文深度学习：课程设计与实施

李　敏　邓玉琳 / 主编

文化发展出版社
Cultural Development Press

图书在版编目（CIP）数据

语文深度学习：课程设计与实施 / 李敏，邓玉琳主编. — 北京：文化发展出版社，2020.11

ISBN 978-7-5142-3207-3

Ⅰ.①语… Ⅱ.①李… ②邓… Ⅲ.①语文课－课程设计－中小学 Ⅳ.①G633.302

中国版本图书馆CIP数据核字（2020）第193834号

语文深度学习：课程设计与实施

主　　编：李　敏　邓玉琳

责任编辑：张　琪　　　　责任校对：岳智勇

责任印制：刘贝贝　　　　责任设计：言之凿

出版发行：文化发展出版社（北京市翠微路2号 邮编：100036）

网　　址：www.wenhuafazhan.com　　www.printhome.com　　www.keyin.cn

经　　销：各地新华书店

印　　刷：北京政采印刷服务有限公司

开　　本：787mm×1092mm　1/16

字　　数：239千字

印　　张：13.25

印　　次：2022年6月第1版　2022年6月第1次印刷

定　　价：45.00元

I S B N ：978-7-5142-3207-3

◆ 如发现任何质量问题请与我社发行部联系。发行部电话：010-88275710

编 委 会

序 言

PREFACE

培养学生核心素养时代的到来，对教育者提出了一个无法回避的现实问题：学习如何转型升级，才能更好地培养出面向未来的素养型人才？

深度学习是实现核心素养的重要路径，这是一个被学界广泛认同的观点。近十年来，学习变革的浪潮风起云涌，“学习”已经成为这一时代的关键词。站在历史时代的制高点，我们希望更全面地理解人的学习，进而更好地帮助和引导学生学习。如何回归学习的中国传统，如何有效吸取西方现代学习心理学的思想精华，是本书的立身之基。

语文深度学习是深度学习在语文学科中具化、运用、深化的实践样式，是实现深度学习理论在语文学科落地的“最后一公里”。语文深度学习既指向一般意义的深度学习，又关乎语文这一学科的特质和核心价值，是学科属性和学习属性的双重叠加和深度融合。因此，如何在传统语文教学的基础上进行较大力度的变革，从语文教学的“学科本位”，走向人的“素养立场”，是本书的一大创新亮点。

面向未来的语文深度学习不仅是深度学习理念在学科上的落地，实现从理论形态到学科实践形态的有机转换，而且彰显了从知识本位走向素养本位，从学科教学走向学科育人的转型升级。在发展学生核心素养的今天，如何有效引领语文学科，乃至所有学科的深度学习已经成为学校教育最为关注的焦点和最迫切的实际需求。基于语文深度学习的内涵意蕴，并以此进一步探索、明晰语文深度学习的实践路径、实施策略，乃至评价体系的解决方案，建立一种符合时代精神、融通中西智慧，面向人性整全发展的当代语文教育教学理论，值得语文界同人后续研究探讨。

本书是深圳语文深度学习研究团队近五年来理论和实践的研究成果，从人性整全发展的全人教育立场审视语文深度学习的未来走向，从课程整合的视角探索语文深度学习的具体实施路径。理论部分是团队负责人李敏博士对深度学习、语文深度学习的理论体系的建构，实践部分是团队部分教师基于该理念的课程开发成果，共梳理了小学学段的七个专题微整合课程。“板凳甘坐十年冷，文章不写半句空”，语文深度学习团队教师在进行教学实验的基础上，经历了“设计—教学—修订—再设计—再教学—再修订”的圆环演进历程，历经十余次线上线下正式研讨与几个学期的课堂实践，才确定了本书的课程设计，锁定了课程内核。接下来在一线教学的实践与打磨中，高度关心学生“学习胃口”，不断微调课程设计，力争做得扎实、有深度、有高度。最后是不厌其烦的审校、修改工作：课题组成员们集思广益，利用腾讯会议文件共享功能，一字一句地审核课程开发教师的文稿，很多次因为一句话、一个词的使用，追根溯源翻阅浩如烟海的资料库，有理有据地进行推导、印证，碰撞出激烈的火花，时常讨论、争辩到深夜还意犹未尽。时至今日，微整合课程案例终于如期和大家见面。这七个微整合课程凝聚了深圳市几十个学校、上百位教师的思想、智慧和辛劳付出。

课程开发教师邓玉琳感言：“如果说课堂是一棵树，课程则是整个森林，曾经的我只看到课堂这棵大树。这次语文深度学习微课程设计开发让我从课堂走向课程，既看到树木，又看到森林。这将是小学课程深化改革的必然要求，也是提高小学语文教学质量的必由途径。”

课程开发教师夏沁雨感叹道：“一开始，我是抱着学习的态度去完成教学设计的，在团队一次次研讨打磨下，教学设计逐步完善，最终完成了一个微课程。我也从最初只关注课堂实践，开始思考如何将理论与实际相结合，来开发适合学生高阶思维发展的课程。从教材内容的选定到教材的处理与加工，从学生学习媒介的设计到学生评价方式的选择，每一个细节都在课题组教师的交流研讨中不断改进。我深深感到一个课程的开发是多么不容易。每一个课程成品背后都有一群对教育有着执着追求的研究团队，它凝聚着集体的智慧和心血。感恩遇到优秀的团队，我也会不断努力，加强学习，提高自己。希望我们的团队出品更多的成果，能给我们一线老师带来更多教学福音。”

课程开发教师康玲由衷感叹：“这是我第一次进行微课程开发，感谢李敏博士和邓玉琳老师的指导以及课题组成员的帮助。通过培训观摩、研究探讨、反复修改，我终于完成了此次微课程的设计，这个过程对我来说是一种锤炼，自身的专业能力得到了很大的提升。从理论学习到微课程整体架构，从资料整合到文本解读，从教学用书到学生用书的设计，这是课程开发者不断挑战自我的过程，我很享受这种专注投入微课程开发的工作状态。对课程实施者来说，微整合课程可操作性比较强，有利于促进学生语文核心素养的提升。”

课题组成员杨洲老师感触良多：“我亲眼见证了七个课程从雏形一路不断建构、加工，到实现自我突破。语文深度学习联盟像一个神奇的‘孵化器’，不仅催生了一个个课程成果，更成就了一位位兢兢业业、卓越追求的教师。哪怕只是刚刚加入课题组的年轻教师，听过一两次线上研讨会议，都会受益良多，当每一个教师都成为课程设计者，每一间教室都成为课程实验室时，每一所学校就都成了教育示范区。”

《语文深度学习：课程设计与实施》适合一线语文教师研读与实施，因其兼具工具性与实操性。翻开本书，可以先学习理论部分，内化教学理念，然后参考实践部分的教师用书、学生用书一步步进行教学实践。其中教师用书部分对每个主题的文本均进行了深度挖掘和分析，配合“文本解读”“问题设计”“句子分析”，手把手教会新手教师如何操作；学生用书部分细心地把“前置学习”“学习媒介”“配套学案”都列出了样板，教师进入教室即可直接使用，还可在充分实践这几个微课程的基础上，自己试着开发其他主题的微整合课程。开发课程的过程就像迎接新生命的诞生，那种过程是多么令人激动和幸福。

不论您是新手教师还是成熟教师，细读此书，期待均能有所获益。希望这本书的面世能够让更多教师了解深度学习，促使更多同行关注语文深度学习的研究，同时也欢迎更多的语文同仁一起来深入实施语文深度学习。

本书所述内容和观点尚属对语文深度学习前沿实践的探索，难免挂一漏万，还有诸多不成熟之处，敬请各位同仁批评指正。

李 敏

2020年10月

目 录

CONTENTS

理论篇

实践篇

理论篇

深度学习究竟“深”在何处?

——兼论超越知识立场

深圳市教育科学研究院　李敏

深度学习是有效培养学生核心素养的重要路径。2014年以来，深度学习不断引发学校教育深度变革，成为我国当下课堂教学转型的时代潮流与变革方向。美国新媒体联盟《地平线报告》发布的《2017年地平线报告（基础教育版）》也明确指出，追求深度学习已成为未来学校发展的重要趋势。然而深度学习究竟“深”在何处？教师开展基于深度学习的深度教学又应采取哪些策略来促进学习的深度发生？基于人的全面成长的立场，本章拟对这两个核心问题进行探讨，希冀能促进深度学习的有效实现。

一、源起：深度学习的提出

1976年，在瑞典工作的美国学者马顿（Marton，F.）和萨尔约（Saljo，R.）对学生的教学过程进行了实验研究。在《论学习的本质区别：结果和过程》（*On Qualitative Difference in Learning*：*Outcome and Process*）一文中，他们依据学习者获取和加工信息的方式第一次在教育领域提出了“深层学习”（Deep Learning）与“表层学习”（Surface Learning）两个相对的概念。在他们看来，“深层学习”与“表层学习”的区别主要在于两者所实现的学习结果的层阶不同。浅层学习强调对学科知识点和基本事实的记忆、基本原理的简单运用。深层学习则指向知识深度理解基础上的复杂应用与创造。在布卢姆的《教育目标分类学》中，认知学习领域的教学目标被分成六大层次，从低级到高级依次为：①识记；②理解；③应用；④分析；⑤评价；⑥创造。从认知目标分类理论来看，浅层学习的认知水平主要停留在识记层次以及理解层次等较为粗浅的水平，而深层学习则指向后四个层次，强调高阶思维的生成。此后几十年间，学者们关于深度学习的研究主要停留于认知的单向维度上。

直到2012年，威廉和弗洛拉·休利特基金会（The William and Flora Hewlett Foundation，WFHF）把深度学习阐释为六个相互关联的核心竞争力，即核心学业内容知识的掌握、批判性思维与问题解决、有效沟通、协作能力、学会学习、学术心志。美国国家研究理事会将学习者在深度学习中发展的能力划分为认知、人际、自我三大领域，并定义深度学习为“学习者将某一情境下所学的内容应用于新情境的过程”。在此基础上，美国研究学会（America Institutes for Research，AIR）又将两者加以匹配，由此得到了深度学习在领域维度与能力维度的兼容性框架（表1）。溯源深度学习发展的历史脉络我们发现，2012年以来的深度学习研究已经突破了传统的认知领域，在融合时代元素的基础上，顺应社会需求，把人际领域和自我领域纳入深度学习之中，构建起了科学、全面的理解框架。

表1　深度学习的领域—能力兼容性框架

领域维度	能力维度
认知领域	掌握核心学业内容
	批判性思维和问题解决
人际领域	有效沟通
	协作能力
自我领域	学会学习
	学术心志

（资料来源：American Institues for Research. Evidence of Deeper Learning Out comes［DB/OL］.［2017-04-08］.http：//www.air.org/sites/default/files/downloads/report/Report_3_Evidence_of_Deeper_Learning_Outcomes.pdf.）

二、特征：深度学习之深

基于对深度学习领域维度与能力维度的整体理解，我们对深度学习究竟“深”在何处的理解既要立足于认知领域的维度，又要进一步扩展到人际领域与自我领域维度之中。同时，就学习自身而言，我们关于深度学习之深的理解要基于并超越过去学习结果维度的单一视角，进一步扩展到教学过程维度的双重视角。

（一）学习结果维度的视角

1. 知识理解之深

浅层学习关注的是零散的、孤立的、当下所学的知识，且都是具体的事实、信息、细节、概念等结构化的浅层知识；而深度学习则要求学习者建立新旧知识之间的联系，以掌握隐性知识、复杂概念、深层知识等非结构化知识。知识深度是相对于其内在要素而言的，不以知识内容量的多少和符号表征的识记结果为评价标准。我们应该从教学过程实现的对知识的批判理解、整合建构、迁移应用三个核心维度，综合判断深度教学在实现知识深度方面的状况。

深度学习之“深”，并非指所学知识的难度之“深”，而是指对于所学知识的理解之“深”。知识点有难易之别，如在语文学科修辞方法的学习中，比喻相对于互文而言，就要简单得多；在写作手法方面，平铺直叙相对于借景抒情而言，也要简单得多。但这并不意味着比喻这一修辞方法的学习就不适用于开展深度学习。下文仍以比喻修辞方法学习为例，分析知识理解程度之深的具体要求和标准。如果只能简单辨认某个句子是否运用了比喻的修辞手法，知道本体和喻体分别指什么，显然这还只是浅层学习。要达成比喻修辞法的深度学习效果，首先，必须理解何谓“修辞”，何谓“比喻”，理解比喻和修辞之间的关系。其次，必须理解比喻有哪几种类型，不同类型之间的表达效果的区别和联系是什么，不同的类型分别适用于什么样的情境，比喻和其他修辞方法如何联合使用。例如，某一个句子同时运用比喻+拟人，或者同时运用比喻+排比。再次，必须理解我们是采用何种方法或策略来学习比喻这一修辞方法的，这种学习方法对于学习其他相关知识有何启发。最后，必须理解比喻背后的想象思维、具象思维对于我们的生活意义如何。只有达到此种程度的理解，我们才能说，这样一种比喻知识的学习是深度学习。

可见，深度学习的知识理解之深，其标准体现在结构化建构、批判性使用两大方面。第一，结构化理解，不仅要求比喻这一知识点自身要形成暗喻、明喻、借喻的内部网状结构，还要求比喻这一知识点与上位知识点（修辞）、平行知识点（拟人）之间形成外部网状结构。第二，批判性使用，要求在明了不同使用方法作用的前提下，理性分析、评价相关文本当中比喻的运用是否合理恰当，不仅要求以常规的方式去运用比喻，而且能够创造性地运用。例如，比喻和其他修辞方法的关联性使用。最高层次的使用是学科知识背后学科思维的使用。也就是说，学会比喻这一知识点背后所折射出来的学科思维，展开真实生活情境下的灵活化用，方是“运用之妙存乎一心”的最高境界。

总之，深度学习的知识理解之深，强调教学过程中知识的生成性、关联性、个体性，意味着所获得的知识是一种“活性”知识，能在不同情境下灵活提取并使用，解决真实生活情境下的复杂问题。

2. 思维发展之深

深度学习最重要的表征是高阶思维。深度学习之深，首先表现为思维能力发展的深度。不同于浅层学习，学习者通过深度学习建构的是一种复杂的认知结构。1982年，比格斯的SOLO分类评价理论指出：“思维方式从具体运动到抽象概念和原理，按照其性质和抽象程度，可以划分为感觉运动方式、形象方式、具体符号方式、形式方式、后形式方式五种类型，并根据其回答问题时思维结构（或学习结果结构）的复杂程度，将每种功能方式下的认知反应水平（或学习结果）划分为前结构、单一结构、多元结构、关联结构和抽象拓展结构这五个由低至高的层次。”其中，前三个结构对应的是浅层思维，后两个结构对应的是高阶思维（图1）。

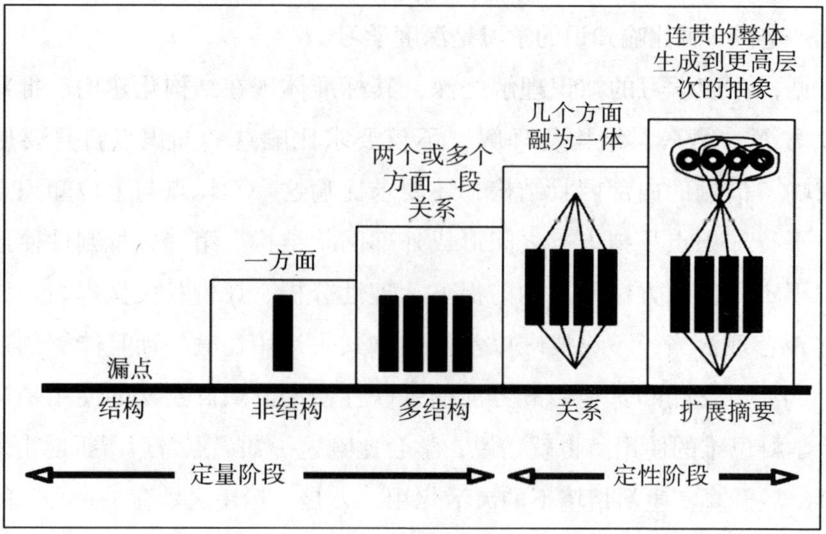

图1　比格斯的SOLO分类法与浅层学习、深度学习的关系

根据上图所示，我们可以直观清晰地看到，关联结构（Relational）和抽象拓展结构（Extended Abstract）是一种立体多向的复杂思维结构。关联结构能够将现有的信息纳入一个整体的联系框架之中，形成逻辑有序的内在结构。这一思维层次对应于知识理解的“结构化建构”标准，形成的是以知识点为中心的前、后、左、右、上、下全方位伸展的认知图示。抽象拓展结构能够利用所有可用的数据，并能够将其联系起来，而且将其用来测试由数据得来的合理的抽象结构；可以超越所给信息，推断结构，能够进行从具体到一般的逻辑推理；能够归纳做出假设；能够利用各种方法在开放的结论中使用组合的推理结果；能够采用新的和更抽象的功能来拓展知识结构；寻求一些控制可能变化的方法，以及这些变化之间的相互作用；可以注意到来自不同观念的结构，把观念迁移到新领域。这一思维层次正好对应上述所提到的知识理解的“批判性使用”标准。

3. 意义获得之深

深度学习的意义深度性主要体现在以下两重维度：一是指学习之于师生交往、生生交往的社会性意义；二是指学习之于个体生活世界的优化意义。

一是获得社会性素养。首先，学习共同体互动的意义在于解决复杂问题的集体互构。互动主体通过与他人的对话，建构、生成对事物意义的独特理解，并由此使交往主体的心理结构获得调整、改造和丰富。师生、生生之间的互动交往与对话不是表面的和谐、融洽和盲目的教师知识权威崇拜，而是在尊重和坚持学生是自由的意义探寻者、发现者和创造者的前提下，对学习共同体中的每个人都给予发自内心的尊重、认真的倾听、谦逊的对话，以及保持内心“和而不同”的学术信念与“吾爱吾师，吾更爱真理”的学术求真态度。在深度学习课堂中，学生和教师都不是抽象和死板的存在，都是一个个有独立思考能力的个体存在，二者的思想观念和价值观在一次次碰撞中走向具体和深刻，走向真正的你中有我、我中有你的视阈融合，课堂也走向主题多元和价值多元。可见，单向度、脱离学习共同体追求知识深度和高阶思维，实际上无法达到意义的深度。

学习共同体互动的意义还在于促进个体的自我意识和社会性素养的形成。符号互动论的创始人米德认为：“人能够用符号像标示环境中的其他成员和客体一样标示自己，这就使得个体在与他人的互动中将自己视为一个被评价的客体，逐步建立自我形象和自我观念。在个体的自我发展中，角色扮演起着特殊的作用。自我通过扮演他人的角色，把自我放在一个想象的他人的审视之下，想象着他人对其行为的看法及反应。”个人在与他人的交往中，将自己的思想、情感、意志、价值观等自身的本质力量表现出来或对象化到他人的身上，然后从他人的反应中认识自我的本质力量；或者以他人甚至“普遍的自我”的眼光和尺度来看待自我，如此，他人就成为个体认识自我的“镜子”。可见，个体的自我意识不是在封闭的自我中自然生成的，而是个体在与他人的互动和交往中逐步建立起来的。

人的社会性素质，如品德、语言能力、社会性情感（同情心、怜悯心等）、社会适应力、交往技能、观察理解他人的能力、民主平等意识等，主要是在交往中形成的。这是因为，这类素质本身是在人际交往中体现的，反映个体在人际互动和交往中的倾向、水平、方式和能力。通过学习共同体之间的互动，产生视阈融合，有利于促进个体社会化，形成与他人的和谐关系，并同时使交往者形成相应的社会性素质。

二是提升生命境界。学习的意义不应止于学科关键能力的获得，还应关注学科素养的养成，最重要的是彰显学习之于生命成长的终极关怀和呵护。透过“知识内容”本身的学习，我们还应深入“知识形式”的学习层面，最终抵达体悟“知识旨趣”的学习高远之境。简言之，深度学习最为根本的指向是可持续发展的学习素养。在可持续发展取向的深度教学过程中，一方面，这个经由对象内容到形式再到价值旨趣的学习进程应该由自发、内隐而逐渐走向自觉、外显，成为学习者自觉的行为；另一方面，还要在针对直接对象的价值感悟的基础上，跃迁到整个学习的层面，基于但超越当下具体对象的学习，从学习与生活、生长、生命的一般关联中，从对学习经验、体验和意趣的省思中，领悟学习的意义，实现从“一”到“多”的联结、由“此”及“彼”的转换，经历从“知”到“识”的升华、转识成智的沉淀、由感生情的激动、从对象到意象再到意趣和意境的整合与超越等一系列过程。仅就教学方式而言，以教学方式的多元、丰富、适切为手段，驱动和达成学生的深度学习，进而使学生养成核心素养，通达人生智慧，提升生命境界。

学习意义的教学过程机制具有独特鲜明的整合性。其所经历和显现的是对象性思维与反思性思维（指向学习对象本身）、聚合性思维与辐射性思维（指向与对象相关联者）、存在感与成长感（感悟此在与生活世界）等的整合过程和品质，所依赖的主要是省察、体悟、直觉等返身性和整体性知觉方式和途径。在这样的学习历程中，人（具体对象）既在学习之中，又在学习之外，由当下（对象）延伸至相关事物及意义，从学习走向生活，由生活体悟生命，从而走向意义的不断生成和生命的不断超越。学习意义的体悟会产生源源不断的内在动力，激励人积极主动、欢欣鼓舞地去探索未知、关注社会、感受自我、连缀意义世界，并在此过程中感受到理智的愉悦和精神情感的充实与满足，直觉到思想顿悟后的澄澈与清明，直至体验到“同胞物与”“天人合一”的自在之道，而享受通达圆润状态下灵魂深处的宁静与愉悦。

换言之，对于人的可持续发展来说，对象内容和形式的理解与掌握远不是目的，而只是手段、台阶、中介。要进一步提升学习品质，还应当重点关注融情感、欲望、态度、智慧、价值观念于一体的生命境界在学习进程中的可持续发展与提升。当这几方面同步和谐、共生共进之际，教学过程即生命成长的过程，亦即文化新人的生成过程。孔子有言：“学而时习之，不亦乐乎。”在学习的过程中，对象学习的具体结果固然重要，但更为重要的是能让人感受到学习的意义、乐趣和愉悦。学习的最高境界就是超越学习进而臻达生命的高峰体验，真切体验到生命的存在、成长、自由和幸福。

（二）教学过程维度的视角

1. 情感投入之深

深度学习之深还体现为学习的过程中师生情感的投入力度。不同于浅层学习，深度学习特别重视学习情境的创设和学习动机的激发，并将其作为学习启动的必备环节。在学习的初始准备阶段，国外深度学习实践往往通过“学习预告”等方式，从一开始就注重激发学生强烈的学习兴趣、内在的学习动机和正确的学习态度等积极的情感投入。在过程阶段，教师发动学生开展自主、合作、探究学习，并引导学生自主发现问题、解决问题。学生从后续的教学过程中进一步强化积极的情感体验。在收束阶段，教师组织学生进行学习活动的反思总结，对整个教学过程中获得的知识、思维的方法、互动的技能和体验等进行自我审视、剖析，从而进一步深化积极的情感体验。

学习者的认知过程和情感过程是交织在一起的，在认知发展的同时也会产生新的情感，在新的情感触发下会再次激发更高层次的认知产生。因此，这一阶段是发展学生高级情感的关键。如果学生在学习的过程中并没有发生真正意义的学习，久而久之，消极的情感体验就会被固化成负面的价值观。因此，通过艰辛摸索后得到的结论必须源于他们的自主探究和合作互动。在掌握问题解决的知识与能力之后，内心所体验到丰盈的成就感和自豪感会生发出源源不断的来自内心深处的热爱，而这种“热爱”则是认知的根源和根本动力所在。长此以往，积极的情感体验就会被固化成正面的价值观。

2. 教学方式融合之深

深度学习之深在教学过程中还体现在教学方式的运用上。浅层学习往往对应的是接受学习，而深度学习采取的则是混元学习这样一种整体化、综合型教学方式。

混元学习是指在推进深度学习的过程中，以探究学习作为基本教学方式，同时根据学习不同环节、任务的需要采取灵活多变的其他教学方式。例如，在课堂学习之前，预习的过程中，学生可以采取自主学习的方式，通过导学案或者语文批注法进行初步学习。在课堂教学过程中，在任务卡壳的关键处，遇到知识方面的瓶颈时，教师适时教授相关背景知识。此时，学生采取的是接受式学习。在问题探究的过程中，对于疑难问题的理解每个人都会有自己的立场与思考，因此应更多采用合作学习和探究学习的方式。在微整合课程学习结束后，需要对学习活动中采取的方式、策略以及获得的知识、技能进行反思总结，这时更多采用反思学习的方式。总体来看，语文深度学习以问题解决为目标导向，围绕一至两个核心任务，并逐步分解出一连串的问题链，在问题探究的过程中，各种教学方式之间是深度融合，进行匹配使用的。每一堂课、每一个专题微整合课程的学习，甚至在具体的某一学习活动中，探究性学习与合作学习、自主学习等其他教学方式的融合处于水乳交融的状态，探究学习的同时也是合作学习，又是自主学习，很难独立区分哪个环节是探究学习，哪个环节又是合作学习。

简而言之，相对于浅层学习，深度学习在各种教学方式相互之间的融合程度上表现出更多的相容度、契合度、匹配度。深度学习从教学方式的分离式理解、单一化使用走向一种多元方式深度融合的复合型学习范式。

综上所述，深度学习其“深度”特征主要体现在以下两大维度、五个方面：一是结果维度的知识理解之深、思维发展之深、意义获得之深，二是过程维度的情感投入之深、教学方式融合之深。

三、实施：深度学习的教学策略

（一）创设良好的学习情境

情境是指一定时空内各种情况的聚合状态。作为一个动态的心理场，情境既由场域中的人、事、物交互作用形成，反过来又对场域中的人施予微妙的影响。这里所指的学习情境主要是课堂中作用于学生的心理场，或令人迷惑，或令人紧张，或令人兴奋，或令人愉悦……深度学习要求学生高情感投入，高动机参与。显然，创设良好的学习情境既是深度学习的策略，也是其必备的前提。深度学习情境的营造与创设主要可以从以下几个方面展开。

1. 预曝光挑战，点燃参与热情

深度学习要求学习者预备与激活已有的学习经验和先期知识，并对即将到

来的学习充满期待。当人们看电视连续剧时，制作人希望观众能收看下一集，就会采用预曝光的方式让观众了解精彩场面。因此，教师可以在正式上课前一周通过在教室公告栏处张贴交互式的“学习预告”，明确学习内容、相关探究领域以及所要面临的问题挑战，从一开始就注重激发学生强烈的学习兴趣，激活学生的心理状态，诱发学生跃跃欲试的学习热情。

2. 平等协商，营造舒适心理场

教师是课堂的主导者，是形成课堂学习情境的核心要素。教师的教学风格与个性直接影响班级学习环境。毫不夸张地说，有其师必有其课堂情境。首先，教师要以身作则，树立平等协商的观念，摒弃课堂知识霸权，真正成为课堂中的平等的首席。这种由教师主导形成的心理情境往往具有很强的延续性和生命力，会根深蒂固地影响学生心理，久而久之就会形成某种特定的课堂学习文化。

教师要鼓励学生积极表达自己的思想和感悟，同时也要提醒学生学会尊重和倾听他人的观点，养成谦逊、求真、严谨的研讨品质。正如日本教育学者佐藤学所言：“善于学习的儿童通常都是善于倾听的儿童，只爱自己说话而不倾听别人说话的儿童是不可能学得好的。”深度学习强调课堂平等协商，平等协商有助于学生积极体验舒适自在的氛围，进而触发更为新奇、深度、复杂的闪光思维。可见，教师通过营造平等协商的课堂氛围，建立良好的师生关系，可以使学生感受到安全、自由、舒适，还有一点点的压力，激发出积极的、富有活力的学习情绪。

3. 设置认知矛盾，诱发探究心理

良好的教学往往始于一个有强烈认知冲突的问题引入，以此激发学生认知深入的动机和欲望。例如，在教学《爸爸的花儿落了》一课时，当年仅十三岁的英子听到爸爸病逝的消息时，表现得异常镇定和安静，这是不是作者有意夸大？教学朱自清的《背影》时，当祖母去世时，本应得到安慰的父亲却反过来安慰二十多岁的儿子，这是怎么回事？从认知规律看，新知与已有认知结构矛盾，会产生不平衡，而这种不平衡会产生新的需要，探索的火花就容易被点燃。通过矛盾激疑、引疑、探疑，诱发学生强烈的探究求知愿望，使学生在类似的文本之间展开深入的分析、比较、评析，得出同与异，得出自己的探究结论，进而有效促进深度学习。

4. 提供真实情境，激发探究兴趣

真实的问题情境往往能够激发学生强烈的、自主的探究需要与兴趣。在“自然景物描写作用”的专题教学中，教师可以讲述一个身边发生的真实故事，大意是某某同学通过运用自然景物描写，在作文大赛中获一等奖。今天，我们也用这招来修改一下自己原来的作文，看看效果如何。如此一来，学生自然兴趣盎然。除此之外，深度学习主张将知识的理解嵌入真实情境下的问题解决任务之中，通过知识在具体情境中的尝试运用，学生可以从整体上把握问题依存的情境，清晰地感知所学知识能够解决什么类型的问题。这样，学生就能够牢固地掌握知识应用的条件及其变式，从而在后续的情境中灵活地提取和应用。可见，在认知加工过程中还原知识发生的情境脉络，不仅能激发学生的探究兴趣，还能帮助学生有效实现知识的理解与建构，将公共知识内化为条件性的、境脉化的个体知识，顺利实现知识的迁移。

（二）构建学习共同体

深度学习的实施必须以良性互动的学习共同体作为强力支撑。学习共同体促进深度学习的作用主要体现在以下三个方面：

第一，深度学习需要以共同体所营造出来的社会文化情境作为知识深度建构的背景。深度学习所涉及的往往是真实情境下的复杂劣构问题，此类问题的解决往往不是一个人能够独立完成的，需要集合群体的智慧共同解决。学生在学习共同体中承担职责、分工合作、开展头脑风暴、相互讨论、相互启迪、相互激励、相互修正、相互补充、相互弥补知识缺陷，引起创造性设想的连锁反应，通过不同思维方式和不同理解过程的冲击和碰撞，最终集群体智慧和力量来解决复杂问题。可见，语文学科知识、能力以及高阶思维等，都必须以学习共同体作为背景。

第二，深度学习需要广泛共享问题解决的相关资源。由于知识具有社会共享与分布的特性，因此共同体成员可以借助网络平台和媒介（如网盘等），实现包括知识小贴士、学法小贴士、网站资源等在内的学习资源的开发与共享，为深度学习实施提供更多的支持和帮助。

第三，深度学习不仅涉及认知领域，还涉及人际领域的社会性素养，如合作技能、沟通技能等。学习共同体互动所引发的互动场是形成社会性素养的必备条件。学习共同体可分为同组异质的小组共同体、组间同质的小组共同体、基于课堂的班级共同体、基于网络的校外学习共同体等。学习共同体以完成共同的教学任务为载体，以合理任务分工为前提，以促进成员成长为目的，重视教学过程中的合作，共同分享权利和知识，共同决策和认同，通过人际沟通、交流和分享学习资源相互影响、相互促进、深度互动。学习共同体以对话为主要互动方式，置身其中的每一位成员都必须学会认真倾听、尊重他人，不打断他人发言，及时捕捉他人发言的重点并对其发言快速做出判断，积极参与讨论，力求有见地、适时适度地表达己见，思路清晰、重点突出、语言准确，履行在共同解决任务过程中个体应尽的职责。在实施过程中，教师要特别强调包容、尊重、自信，学会处理不同意见，客观地看待每个成员的优缺点，使学生学会在共同体中与他人相互支持、取长补短、和谐共处，真正懂得如何与人交往。

（三）开发学习媒介

媒介是传播学中的一个基本概念，广义的媒介指的是使人与人、人与事物或事物与事物之间产生联系或发生关系的介质或工具；狭义的媒介指的是承载并传递信息的物理形式。这里所谓的学习，主要不是常规意义上的学习媒介，如声光电、动画、网络媒体等媒介，而是指减轻学生认知负荷，助力学生将认知精力投入高阶思维发展中的“学习脚手架”。“学习脚手架”在不同阶段能够给学生提供一个由表层逐级深入的抓手，尤其是对于学困生来说更是特别重要。学习媒介可以应用于学习的任何一个阶段。就语文学科而言，学习媒介主要有三类：第一类是知识小贴士，如“描写分类”“自然景物描写作用分类导图”“文章主题的定义”，这些知识小贴士有助于学生深入理解和建构知识的意义，为认知加工提供必要的知识基础和前提。第二类是深度嵌入教学过程之中的思维分析表格，如“主题表现异同分析表”“自然景物描写顺序维度分析表”“好作文评价表”等。这类学习媒介在减轻学生认知负荷的同时，使学生集中精力深入发展高阶思维，发挥提升认知水平、拓宽认知阈限的作用。第三类是关于学习策略和心得的小贴士。这些学习策略小贴士有助于学生元认知意识和能力的提高，学生通过分享交流、互相借鉴，形成可持续发展的学习素养，真正学会学习。

上述三类学习媒介有的可以从网络下载，从书籍直接获取，有的则是由教师和学生作为开发主体，在问题解决的过程中共同开发，建立资源共享包，并在使用过程中不断加以完善，有些还可以作为评价工具对学习结果进行及时反馈。

（四）开展追问式教学

追问式教学是培养学生高阶思维、打造深度课堂的有效策略。深度学习的实施过程既是知识由知觉到精加工的过程，又是问题逐步解决的过程。高阶思维的培养是深度学习的核心特征。追问作为问题回答之后的延伸式、递进式、补充式、对比式的再次提问，直到弄清问题的实质为止，具有纠偏、激发、加深、拓宽思维的重要意义。追问的作用在于：一是从思维的宽度上，使学生不但知其一，而且知其二；二是从思维的深度上，使学生不仅知其然，还知其所以然；三是从思维的正确性上，使学生察觉存在的疏漏，清晰明了观点的对错。无论是哪一方面，追问都直接指向学生的高阶思维，并有效推进问题的解决进程。

善追问者必是善倾听者。教师不但自己要学会追问，同时也要引导学生学会追问，提升对话质量，牵引学生思维向纵深方向发展。因而，课堂中首先要学会倾听，并给予应答者以及时、准确的反馈，而不应拖泥带水、含糊其词。听者至少要从三个角度来倾听应答者的表达：倾听回答和文本以及和所提问题之间的关联，倾听前后两个（或以上）学生回答之间的关联，倾听同一个学生前后两次回答之间的关联。在倾听学生表达的基础上，准确地理解他们的回答有什么关联、怎么关联的，然后再以问题，而不是告诉式的结论进一步引导学生就所讨论的问题进行更深入的思考。例如，“刚才××同学回答的要点是什么？”“××同学只是从一个角度来回答这个问题，你能从其他角度来回答吗？”

因此，在深度学习实施的过程中，教师在问题探究或观点争鸣时，应把握时机紧追不舍再次发问，引导学生就原来问题的回答再次进行深层次周全的思考，或由表及里，或由浅入深，或由此及彼，或举一反三，使学生对问题的理解更加全面、准确、深刻。

（五）实施元认知监控

深度学习的有效开展离不开元认知学习。教师应引导学生掌握基本的元认知策略，引导学生从“学会”走向“会学”，最终学会学习，学会自我完善。因此，师生要共同对教学过程实施元认知监控，通过发展学生的元认知以优化教学方式和过程，有效提升深度学习的品质。

就元认知监控作用于教学过程的不同阶段而言，深度学习的元认知监控可以分为过程监控和结果监控两种。过程监控是指在教学过程的每一个环节，以近年来兴起的“学本评估”新型评估理念和评估方法论为指导，以深度嵌入教学过程的学习媒介为评估工具，在教学过程中对学生的学习成效进行同步监控。例如，在“小学叙事性作品中自然景物描写作用的探究”专题性微整合课程中，可以借助“自然景物描写评价表”来开展自我评估和同伴互评，使学生随时反思、监控和调节自己的学习状况，并从评估中获取有效的反馈信息，审视自己学习的不足和需要改进之处，并据此及时调控和改进学习，有效发挥以评促学、自评促学的作用。结果监控是指在学习的结束阶段，如反思总结阶段，通过学习媒介（TELL成长日志）专门安排课时对整体学习结果进行回顾与总结，对学习方法进行反思与交流。可见，前者是以学习为外显表征，以评估为内隐表征；后者则是以评估为外显特征，以学习为内隐特征。但从根本上说，评估并不具有独立性，评估本身不是目的，而是促进学习质量提高的手段。

就学习主体的元认知素养而言，深度学习的元认知监控能力可以分为外显监控能力与内隐监控意识。外显监控能力是指通过具体外在操作行为完成元认知监控，内隐监控意识则潜藏于行为主体，并不一定表现为具体的行为，但对于学生整体的元认知素养来说至关重要。因为，自我完善的实现必须以自我反思的意识为前提。

因此，教师要开展元认知教学，使学生了解自己的学习方法、学习特点、学习目标、学习进程、学习效果，引导学生自我调节学习行为，最终学会学习。在元认知教学中，关键是要加强元认知训练，强化对学生元认知知识与技能的教授、培养与开发。其主要内容是引导学生根据自己的特点、材料的特点、学习的任务与要求等灵活地制定相应的计划，采取适当的有效策略，并在学习活动中及时修正策略和过程，以尽快和有效地实现目标。这实质上也就是设法让学生学会学习。具体而言，教师可使用以下教学策略：一是引导学生由“无声思考”转向“出声思维”，尽可能地使思维过程可视化，并形成思维流程导图。二是引导学生将非条件化的“惰性知识”转化为“条件化知识”，提高学生知识理解和应用的水平。“条件化知识”是指在什么时候、为什么以及在什么条件下才能更好地运用陈述性知识和程序性知识。从这个意义上说，深度学习可视为通过探究学习共同体来促进条件化知识和元认知发展的学习。三是由智力因素扩展至非智力因素。作为智力的元认知受到非智力因素的影响。教师不能局限于传授元认知知识这一静态内容，还要加强元认知情感体验这一动态内容的教学。

四、结语

深度学习的内涵理解基于知识立场，但是不能止于知识立场。深度学习的意义不仅仅在于知识的深度理解以及高阶思维的养成，还在于人际关系的构建以及自我反思三方面的同生共长、融合共生。只有三个维度彼此交融、相互渗透，架起一座知识学习和问题解决、生命成长之间的桥梁，深度学习才能真实发生，素养才能得以生成。基于深度学习的深度教学既须从战略角度着眼，又要战术寻活，这样方能科学精准地推进深度学习，努力实现“学以成人”的本质回归。

参考文献

［1］Marton，F，Saljo，R.On qualitative difference in learning：Outcome and process［J］.British Journal of Educational Psychology，1976（46）：4-11.

［2］National Research Council.Education for life and work：Developing transferable knowledge and skills in the 21st century［M］.Washington，DC：The National Academies Press，2012.

［3］American Institutes for Research.Evidence of Deeper Learning Outcomes［DB/OL］.（2014-11-01）［2018-01-15］.http：//files.eric.ed.gov/fulltext/ED553364.pdf.

［4］Biggs，J.B，Collis，K.F.Multimodal learning and the quality of intelligent be haviour.In H.Rowe（Ed），Intelligence，Recon-ceptualization and Measurement.［M］.New Jersey：Lawrence Erlbaum Assoc，1991：57-76.

［5］Smith，T.W，Colby，S.A.Teaching for Deep Learning［J］.The Clearing House，2007，80（5）：205-209.

［6］李佳，高凌飚，曹琦明.SOLO水平层次与PISA的评估等级水平比较研究［J］.课程·教材·教法，2011（4）：91-96.

［7］米德.心灵、自我与社会［M］.上海：上海译文出版社，1992.

［8］陈佑清.交往学习论［J］.高等教育研究，2005（2）.

［9］张广君，李敏.关于“转变教学方式”的认识误区及其超越——基于生成论教学哲学的理论立场［J］.教育发展研究，2017（4）：56-63.

［10］刘萍.媒介概念与媒介市场［EB/OL］［2013-10-22］.https：//wenku.baidu.com/view/9cae508b284ac850ad024296.html.

［11］曾文婕，黄甫全.学本评估：缘起、观点与应用［J］.课程·教材·教法，2015（6）：33-41.

［12］董奇.论元认知［J］.北京师范大学学报（社会科学版），1989（1）：68-74.

［13］朱绍禹.中学语文教学法［M］.北京：高等教育出版社，1988.

［14］（美）约翰·D.布兰思福特.人是如何学习的——大脑、心理、经验及学校［M］.程可拉，孙亚玲，王旭卿，译.上海：华东师范大学出版社，2013.

语文深度学习：概念演进与未来走向

深圳市教育科学研究院　李敏

深度学习是培育学生核心素养的重要路径。语文深度学习是深度学习在学科中具化、运用、深化的实践样式，是实现深度学习理论在语文学科落地的“最后一公里”。语文深度学习既指向一般意义的深度学习，又关乎语文这一学科的特质和核心价值，是学习属性和学科属性的双重叠加和深度融合。

近年来，随着深度学习研究的不断深入，语文深度学习也逐渐成了语文教师关注的热点话题。笔者研读近二十年来关于语文深度学习的重要文献后发现，研究成果涵盖了语文深度学习的内涵、价值、特征、路径、策略等方面，但关于“语文深度学习”的概念界定这一基础性问题却论者寥寥，仅有为数不多的论述，但这些论述中也存在照搬套用、偏于一隅的不足。概念认识上的不足直接影响到实践领域语文深度学习的实施效果。鉴于此，本章对近二十年来学者们提出的语文深度学习概念进行考察梳理，以期探究和廓清其内涵意蕴，为撬动语文深度学习确立一个“阿基米德”支点。

一、演进历程

自2003年至今，语文深度学习概念的演进经历了孕育期、萌芽期、发展期和深化期，依次出现了“思维深度说”“文本解读深度说”“套用泛化说”“语用能力深度说”“语文核心素养说”“完整意义说”等观点，并在每个不同阶段表现出不同的内涵意蕴和思想立场。

1. 概念孕育期（2003年至2011年）

2003年，周来宏发表《深究学习：强化语文学习思维深度的策略》。这是笔者查阅到的国内最早涉及语文深度学习研究的文献。随后出现了一段较为长久的空档期，直至2010年，毕泗建、李锦峰等人研究成果的发表。严格来说，这一时期，语文深度学习的研究刚刚起步，研究者还处在较为模糊的认识层面，尚未自觉提出语文深度学习的概念。

这一时期，研究者反思语文教学流于肤浅的现状，提出了“没有难度来适度支撑的课堂何时才能消失？深度语文课堂何时才能归来？”在他们看来，“在语文学习中，学生掌握了深度学习策略，将对学生的语文学习产生积极的影响，它不但能拓宽学生的知识广度，而且能够强化语文学习的深度”。他们虽没有明确提出概念界定，但不难发现，这一“思维深度说”的内在理论是将深度学习定位于一种学习策略，视“深度学习”之“深”为知识内容难度之“深”，将语文深度学习的目标定位于学生思维的深度发展。

2009年，王开东提出“深度语文”要建构的是以“‘思维训练、智力挑战’为能力导向的目标观，将存在主义哲学引入语文课堂，强调经由‘思’抵达‘诗’”。“‘深度’表现主要在课堂理解之深、文本剖析之透和课堂把握之精到上”。在教学上，这又体现在“教的老师知识的广度和思想的深度，学的学生需要思维的深度，在课堂上得以拓展和延伸”。2010年、2011年，李锦辉、欧健、吴红丽等人也提出了语文深度学习的实现必须经由文本深度解读的类似观点。

长期以来，语文教材属于文选型教材。不同于其他学科，语文学科课程标准并没有明确规定每篇课文的具体教学内容。例如，蒲松龄的《狼》这篇文章，教师既可将其核心教学内容定位为“表现屠户的勇敢和机智”，也可定位为“鼓动软弱的屠户起来反抗贪官污吏”。那么，到底哪个教学内容才是适当的呢？才是符合语文学科的课程标准的呢？无论答案如何，有一点可以确定，那就是教师课前开展文本深度解读是确立合理教学内容的前提。没有深度的文本解读，仅仅依赖教参，教师不仅无法生成合理且有深度的教学内容，而且不能在课堂上对学生进行深度追问和思维引领。概括地讲，缺少文本深度解读的语文教学不可能实现语文深度学习。之所以需要特别强调文本解读，是因为这是语文学科区别于其他学科的独特之处。

比较而言，“文本解读深度说”继承并发展了“思维深度说”，除坚守思维智力发展的目标立场外，也同时强调了审美情感的范畴，并从语文教学内容、课堂教学质量的视角较好地回应了学生思维品质提升的问题，进一步扩展了语文深度学习的实施路径。虽然他们仍然没有对语文深度学习的概念进行界定，但明确了深度学习理论切入语文学科的紧要之处，均强调文本解读对于有效发展学生深度思维的重要前提功能。

2. 概念萌芽期（2015年至2016年）

2015年，李银芬提出：“小学语文深度学习是指小学生在已有知识、能力的背景下，能够主动、正确、深度地学习和理解语言文字，丰富语言积累，培养语感，发展思维，陶冶情操，并能正确运用所学的语言文字，逐步提高语文素养。”2016年，龚建新也再次强调：“语文课堂深度学习就是基于语文学科特点，运用深度学习理念和策略，实现学生主动的、有意义的、自主参与学习的过程。”高先丽在此基础上做了进一步拓展与整合：“小学语文阅读教学中的深度学习是指以确立高阶思维发展为目标，师生围绕小学语文阅读中适合的内容，积极投入高效的教学方式，创设建构促进深度学习的真实情境，与语文知识发生联系，培养学生的语文学科素养。深度学习的特点表现为文本解读有深度、知识运用有维度、思维发展有高度、审美教育有温度。”之后，徐美艳、农玉娴也基于国内深度学习研究的权威学者黎加厚、郭元祥的深度学习概念进行了“套用式”表达。这是国内最早对语文深度学习内涵进行明确界定的相关表述。

静心审视上述“套用泛化说”，我们不难看出，他们已经自觉意识到了“深度学习”和“语文深度学习”是分属于不同层级的两个概念，后者是前者的学科分化。他们仅仅从语言表述形式上明确提出语文深度学习的概念，并没有遵循“属概念+种差”的概念界定方式。而且，内涵的相关表述中没有指出语文学科深度学习的内在要素，更多杂糅了“语文学习”和“深度学习”的内涵阐释，要么强调语文学习中需要运用深度学习的理念和策略，要么机械地加上“深度的”“适合的”“高效的”等修饰性语词，这样的概念内涵界定无疑较为泛化，拼盘式组合之痕迹也较为明显。因此，严格来说，这些还不是真正意义上的概念界定。换言之，从一般意义的深度学习走向特定学科深度学习的界定过程中，语文学科的“深度”特性如何具体体现语言不详，因而也就与传统的语文学习之间似乎并没有多大区别。该说相较于“文本深度解读说”而言，无论是学习的思想立场，抑或是语文学科的特定指向都没有新的突破。

3. 概念发展期（2017年至2018年）

2017年，李广认为：“小学语文深度学习是以小学生语言文字运用能力的培养为目标，师生围绕小学语文学习内容中适切的单元主题，通过共同的语文学习内容、语言实践情境、自身语文经验进行对话，使学生与语文文本中的语言内容建构全新关系的过程。”谢慧云则强调：“语文深度学习应从意义建构的视角出发，以语言文字运用为核心，围绕言语、思维、思想三个维度，进行言语意义的建构、文本意义的解构、思想意义的重构，通过不断丰富学习层次，抵达深度学习。”上述论者均强调语文深度学习应当以语文的本体能力，即语言建构与运用为核心，强调学生和语言文字之间的深层意义建构的关系。

2018年，栾贻爱认为：“依据语文课程的性质和特点，语文深度学习应是以语文学科的课程内容为载体，以提升学生的语文核心素养为目标的学习活动。语文深度学习旨在通过精心设计问题情境，引发学生认知冲突，组织学生全身心投入学习活动，建构知识习得技能，发展高阶思维，使学生体验成功、获得发展。”之后，张邦业也强调指出：“深度阅读学习，就由文字表层进入文字深处，实现语言建构与运用、思维发展与提升、审美鉴赏与创造、文化传承与理解。”上述论者均认为语文深度学习应当以语文核心素养作为教学目标，强调教学策略上通过问题驱动来培养学生的高阶思维。

无论是李广等人的“语用能力说”，还是栾贻爱等人的“语文核心素养说”，研究者都自觉明确地提出了语文深度学习的两大内在要素（教学目标与学习内容），且在目标指向上更凸显了语文学科本体内在的价值诉求。同时，他们之间存在着明显差异。例如，有的认为语文深度学习的目标是语用能力，有的则认为语文深度学习的目标是语文核心素养。显然，在目标的界定上，语文核心素养涵盖了语言的建构与运用，范围更大。在学习内容界定方面，栾贻爱所说的“语文学科的课程内容”则远远不如李广、张邦业所说的“整合主题单元”来得更加明确具体。无论是语用能力的培养，还是思维的发展与提升、审美的鉴赏与创造、文化的理解与传承，在学习内容的意义层面，都反对知识的碎片化与浅表性。因此，语文深度学习的内容应更具整合性、专题性、关联性。实施的基本路径是单元主题教学，这成为他们共同认可的主张。

4. 概念深化期（2019年至今）

2019年，笔者提出："语文深度学习是指以教师自主开发的微整合课程为学习内容，以发展高阶思维为重点，以探究学习为基本教学方式，综合运用自主、接受、合作、反思等多元教学方式，经由学科关键能力到语文核心素养，以实现可持续发展学习素养为旨归的学习。"笔者还明确提出目标涉及认知、人际、自我三个领域，内容是以语文核心能力点为核心建构的微整合课程。

2020年，莫国夫认为，"深度学习更具有学科学习的完整意义：围绕语文学习本身，统整、优化学习的相关要素，追求语文学习内容合宜、学习关系安全、学习思维高阶、学习结果强黏性的一种学习状态和过程。语文课堂深度学习更强调个体在学习中的意义感和效能感"。具体来说，他还提出语文深度学习的实施涵盖语文课堂学习内容、学习历程、社群文化、听课评课范式转型四个维度。

由上可见，基于全学科共同育人的宽广视野，他们都主张语文教学迭代升级，从语文教学走向语文教育。"语文教师不仅要有学科思维，更需要有教育学的思维，看到语文教学的底部是儿童的全人发展。语文教师的角色理解要从'教语文'升级到'如何用语文育人'的维度上来，要从'语文代言人'升级为'如何用语文育人'的探索者。简单地说，就是教的是语文，但想的应是学生的完整发展。"可见，莫国夫等人在基于语文学科本质的前提下，主张超越学科，超越知识，走向全面育人。换言之，语文教学中，我们不能只看到学生的语文核心素养，还要用另一只眼看到学生发展的核心素养。

二、主要特点

1. 内涵取向：从单一要素转向整体综合

语文深度学习概念从孕育期到萌芽期，再从发展期到深化期，其内涵取向在不断发生着或大或小的裂变。具体而言，这样一种内在取向的变化主要表现在微观和宏观两个不同的层次。

微观层面，从语文深度学习应达到的目标要素来看，中前期主要强调单一的认知要素，即高阶思维的形成；中期则转向语用能力的培养。无论是高阶思维，还是语用能力，都是语文深度学习的重点，但还停留于单一要素的层面。可喜的是后期实现了目标的整体性转向，除语言和思维要素之外，还强调目标中的审美、文化等其他多元要素，亦即“语言的建构与应用”“思维的发展与提升”“审美的鉴赏与创造”“文化的理解与传承”。

宏观层面，从语文深度学习概念所关涉的内涵维度来看，从孕育期的“高阶思维”教学目标的界定，逐步扩展到了学习内容、教学方式、学习社群文化等诸方面的界定。可见，无论是目标要素，还是内涵维度，语文深度学习的概念演进明显表现出从单一要素向整体综合的嬗变。

2. 思想立场：从语文教学走向语文教育

近二十年来，透视语文深度学习概念演进的历程，纷繁复杂的观点背后的思想立场上发生了两重转换。

第一重转换是从一般学科转向语文学科。早期“思维深度说”秉持知识立场，经由实践路径上学习内容的难度提升以及知识点之间的横向与纵向探究，教学策略上则采用追问和深度对话的方式，实现思维品质的发展以及复杂认知结构的价值和目标。“思维深度说”还停留在各学科普适的学习论层面，并未真正体现语文这一学科自身的特质和立场，带有浓重的西方学习认知心理学的色彩。“文本解读深度说”强调从教师解读文本出发，开发生成具有较强整合关联性质的语文课程知识，主张语文本体能力或者核心素养的目标达成，较好地体现了语文这一学科自身的特质和立场，从所有学科的普适立场走向了语文学科的独特立场，是具有学科落地意义的首次转变。

第二重转换是从语文教学走向语文教育。2019年以来，“全人发展说”继承并超越了发展阶段中出现的“文本解读说”“核心素养说”等观点，主张从学科教学立场转型升级为学科育人的立场，指出语文教学的目标不应只有语文核心素养，还应考虑社会领域、人际领域的合作素养与反思素养，具有区分学科教学和学科育人之间存在分野的自觉意识，体现出时代变革背景下语文教育哲学层面的拓展与更新。

3. 技术路径：从外部移植走向本土建构

1976年，在瑞典工作的美国学者马顿（Marton，F.）和赛乐乔（Saljo，

R.）在《论学习的本质区别：结果和过程》中依据学习者获取和加工信息的方式第一次在教育领域提出了“深层学习”和“表层学习”的概念。对应布卢姆《教育目标分类学》中“认知领域”的六个等级，“表层学习”停留在“识记”“理解”较为粗浅的层次，而深层学习则指向“应用”“分析”“评价”“创造”较为深刻的层次。

我国较早引入“深度学习”主要是以黎加厚为代表的一批教育技术学领域的学者。此后，在外部移植的过程中，学者们主要停留在认知的单向维度，强调高阶思维的培养。语文深度学习研究的细分领域也毫无例外是从强调高阶思维起步的。后来，王开东、李广等部分学者进行了本土化自我建构的尝试。这种本土建构的创新性尝试主要体现在三个方面：一是聚焦语文深度学习内容，强调对文本进行深度解读；二是聚焦语文深度学习的实施路径，强调整合、重构教材内外的多篇课文进行单元主题教学；三是聚焦语文深度学习的目标，强调语文学科自身的本体性，即语用能力、语文核心素养。因此，语文深度学习概念演进的技术路径呈现出从外部移植走向本土建构的轨迹。

三、未来走向

未来社会的发展对基础教育提出了发展学生核心素养的时代诉求。这无疑内在要求语文学科教学做出新的回应，要更具体地明晰语文学习之于人成长的意义。探究语文深度学习的内涵意蕴，我们就不得不回到深度学习，不得不回到学习本身。从根本上说，无论是深度学习还是各学科的深度学习，都离不开对学习本身的理解。学习是属人的一种特殊实践活动。澄明“人是怎样的存在”对于学习来说既是基本前提又是理论核心。而深度学习作为新时代人类的一种学习形态，或者作为一种理想的学习本体，包括学习主体、教学目标、学习内容、教学方式四个基本方面。就语文深度学习而言，亟须在这些方面确立符合学科特有性质的基本取向。

1. 目标之维：指向全人发展

在语文学科开展深度学习，毫无疑问，语文核心素养是其基本追求。但是诚如上面所述，如果单单止于语文学科自身，而不顾及核心素养，那么，就会出现各学科“自扫门前雪”的尴尬境地，核心素养就成了空中楼阁，全人发展也就成了一句空话。因此，各学科既要管好各自应守住的“学科领地”，同时又要管好全人发展的“公共领地”，为“公共领地”贡献自身应尽的学科力量与贡献。

语文深度学习的目标，其理想架构图示是语文核心素养+学科共通核心素养。“语文核心素养”已经于2017年正式确定，自然毋庸讨论。各学科“共通核心素养”究竟涉及哪些领域？又具体指向什么？回答这些问题，必须回到“人性整全发展究竟是哪些方面的发展？”这一根本问题上来。

从马克思主义人性理论来看，“人是一个整体，人性实质上是人在其活动过程中作为整体所表现出来的与其他动物所不同的特性。这种特性主要指向人在同自然、社会和自己本身三种关系中，作为自然存在物、社会存在物和有意识的存在物所表现出来的自然属性、社会属性和精神属性。它们相互联系、相互作用，形成人性的系统结构，完整地表征了作为整体存在的人”。由此，人性既涉及认知领域，又关乎人际领域和自我领域。认知领域主要指向人的理性发展，即学会如何认知，如何思维；人际领域主要指向人的德性养成和合作交流等社会性技能；自我领域则主要指向人的自我反思。简言之，人的核心素养涵盖认知领域、人际领域和自我领域，具体指向人的认知素养、合作素养、反思素养。各学科以分科的形式联合承担了认知素养培养的任务与职能，而合作素养、反思素养作为“学科共通核心素养”则需要各学科以融合的形式共同完成。

因此，语文深度学习的目标领域除了语文核心素养这一学科领域的认知素养之外，还应当涵盖合作素养和反思素养。语文深度学习就认知领域目标而言，重在使学生获得语文学科关键能力；就人际领域目标而言，重在使学生获得与他人沟通和合作的基本意识与技能方法，掌握相关的社会性素养；就自我领域目标而言，重在使学生通过反思学习掌握元认知策略知识，学会自我反思。

2. 内容之维：强调关联整合

深度学习在认知领域非常强调高阶思维的培养，这是对过去浅层学习所带来的“浅表性”“碎片化”“夹生式”学习弊端的匡正。学习结果与学习内容息息相关，单一“碎片化”知识的学习导致学生的思维滑入简单化和线性化的

“泥淖”之中，也无法迁移运用到陌生的复杂情境之中，当然也就不可能形成多点辐射、互相关联、由此及彼的复杂性思维，也就无法达成学习的效能感、成功感和意义感。因此，语文深度学习内在要求学习内容从过去散落的单一知识点走向具有高度整合关联的知识体系，从而帮助学生形成高阶认知图示。当前，重构学习单元成为语文深度学习的基本实施路径，这点已经形成了基本共识。但需要指出的是，语文深度学习不仅可以围绕某一学科关键主题开展多文本组合的单元教学，还可以在单篇文章教学中，在相关知识点的教学中有机引入横向和纵向相关的知识点。相比较而言，后者的关联整合力度明显不如前者，但更适合教师随文实施。重构学习单元又可分为基于部编版教材既有单元的整合重构，以及基于语文核心知识点开展多文本整合的大单元课程设计。后者可以整合多文本重构“小学童话作品中夸张手法的探究”“小学叙事性作品中自然景物描写作用探究”“小学寓言作品中寓意理解方法的探究”等大单元课程来引领学生开展语文深度学习。

例如，“小学童话作品中夸张手法的探究”微整合课程在文本选择上，重点精选了夸张手法运用突出的经典童话《七颗钻石》《巨人的花园》《丑小鸭》《渔夫的故事》《小木偶的故事》《我变成了一棵树》，分别以“环境虚幻的夸张”“人物形象的夸张”“情节离奇的夸张”三个层面作为深度探究的学习内容。

3. 方式之维：着意整体运用

教学方式在很大程度上决定了学习品质。采用何种教学方式，实际上取决于教学方式与学习的内容是否具有高度的匹配度。从这个意义上说，任何一种教学方式都没有长短优劣之分，而只有适切之别。在认知素养方面，深度学习强调高阶思维培养，主要运用探究学习得以实现，这是由思维培养自身的特性所决定的。接受学习无法有效激发学生思考，正如你可以告诉一个盲人看到的窗外景色，但你却无法把视力硬塞进他的眼中。因此，语文深度学习非常倚重通过探究学习合作完成教学任务。就合作素养和反思素养而言，则需要合作学习、反思学习，乃至体验学习等多种教学方式的协同参与。

概括地讲，相对于传统的语文学习，语文深度学习在各种教学方式相互整合之间的融合程度上表现出更多的相容度、契合度、匹配度。语文深度学习从教学方式的分离式理解、单一化使用走向一种多元深度融合的复合型学习范式。

四、结语

综上分析，我们审慎地对语文深度学习做出如下界定：语文深度学习是以教师对文本的深度解读为前提，以关联整合度较高的语文课程知识为内容，整体化运用探究学习、合作学习、反思学习等多种教学方式，以发展学生语文核心素养、合作素养、反思素养为旨归的学科学习。

面向未来的语文深度学习不仅是深度学习理念的学科落地，实现从理论形态到学科实践形态的有机转换，而且彰显了从知识本位走向素养本位、从学科教学走向学科育人的转型升级。在发展学生核心素养的今天，如何有效引领语文学科，乃至所有学科的深度学习已经成为学校教育最为关注的焦点和最迫切的实际需求。基于语文深度学习的内涵意蕴，并以此进一步探索明晰语文深度学习的实践路径、实施策略，乃至评价体系的解决方案，建立一种符合时代精神、融通中西智慧、面向人性整全发展的当代语文教育教学理论，值得后续研究探讨。

参考文献

［1］周来宏.深究学习：强化语文学习思维深度的策略［J］.教学与管理，2003（1）：57-58.

［2］王开东.深度语文：重拾母语教育的尊严［J］.人民教育，2015（6）：45-48.

［3］王开东.深度语文［M］.桂林：漓江教育出版社，2009.

［4］李银芬.建构情智交融的深度语文课堂［J］.基础教育研究，2015（14）：10-12.

［5］龚建新.基于深度学习的语文阅读教学内涵、特征及策略［J］.江苏教育研究，2016（Z4）：92-96.

［6］高先丽，李纯.小学语文阅读教学中的深度学习：内涵、特点与策略［J］.教学研究，2019（2）：107-113.

［7］李广.小学语文深度学习：价值取向、核心特质与实践路径［J］.课程·教材·教法，2017（9）：62-68.

［8］谢慧云.意义建构：语文深度学习的通达之路［J］.教学与管理，2020（2）：29-31.

［9］栾贻爱.促进深度学习的语文教学路径探析［J］.教育探索，2018（2）：41-44.

［10］张邦业.儿童语文深度学习的价值审视、学理追寻及实践探索［J］.语文建设，2020（2）：21-24.

［11］李敏.深度学习理论与实践［M］.长春：东北师范大学出版社，2019.

［12］莫国夫.语文课堂深度学习的展开与迭代［J］.基础教育研究，2020（1）：3-7.

［13］袁贵仁.马克思主义人学理论研究［M］.北京：北京师范大学出版社，2013.

实践篇

小学叙事性作品中自然景物描写作用的探究

课程开发者：邓丽云　邓玉琳　李敏
课程实施者：邓玉琳

一、课程设计说明

《义务教育语文课程标准（2011年版）》指出，要让小学高年级学生在阅读中了解文章的表达顺序，体会作者的思想感情，初步领悟文章的基本表达方法。在小学语文课本（部编版、人教版）中，四至六年级有多篇叙事性课文运用了自然景物描写的表达方法。自然景物描写在叙事性文章中具有交代时间和地点、渲染气氛、烘托人物心情、推动故事情节发展、深化主题等作用。

在现行常规的单篇课文教学实践中，学生对自然景物描写的作用缺乏深度理解，在写作中也未能有效运用。造成学生对自然景物描写作用理解不到位的原因主要有以下三个方面：一是教学内容组织孤立、零散，缺乏逻辑序列。教材中虽然有关于运用自然景物描写的叙事性文章，但是选文各自独立，没有形成学科能力进阶的序列，自然景物描写的不同作用没有形成系统化、整体性的内在关联。二是学生对于自然景物描写表达作用的理解一知半解，长期停留于浅层学习的状态。三是学生缺乏将自然景物描写用于习作的能力，不懂得学以致用。

为促进学生对自然景物描写作用的深度学习，笔者把小学四至六年级含有自然景物描写的叙事性课文进行整合，引领学生对自然景物描写在叙事性课文中的作用进行专题学习，旨在让学生通过自主学习、探究学习、合作学习、反思学习，领悟自然景物描写在叙事性文章中的作用，并能学以致用。

二、课程目标说明

1. 认知领域

（1）学生能够自主分析、理解自然景物描写在叙事性文章中的表达作用。

（2）学生能够通过解读其他作品或者写作来加深对自然景物描写作用的理解。

2. 人际领域

（1）学生通过小组交流活动、自主展示活动、反思质疑环节，学会倾听、表达，学会接纳、尊重。

（2）学生通过对自然景物描写在叙事性文章中表达作用的归类、研讨，学会合作。

3. 自我领域

（1）学生通过自主批注学习材料、反思学习结果、填写TELL成长日志与撰写专题学习报告等学会学习，学会自我反思与提升，培养自信。

（2）学生通过本课程学习，养成好学、善思、乐于探究的学习态度和情感。

三、课程内容说明

四至六年级教材（人教版、部编版）中涉及自然景物描写不同作用的叙事性文本有多篇，这里仅对9篇文本进行深度解读，具体作用包括以下五大方面。

（一）交代故事发生的时间、地点、背景

通过对特定自然景物的描写交代事情发生的时间、地点或背景，展示独特的世态风情，为读者提供一幅社会历史图画，增强故事的真实性。

1. 典型文本

《“诺曼底号”遇难记》《小英雄雨来》《白杨》。

2. 文本解读

以上三篇课文均在文中篇首有一句或者数句自然景物描写的句子，部分兼具两种作用。（双重表达作用用横线标识）

（1）1870年3月17日夜晚，哈尔威船长照例走着从南安普敦到格西恩岛这条航线。大海上夜色正浓，烟雾弥漫。船长站在驾驶室里，小心翼翼地驾驶着他的“诺曼底号”。乘客们都进入了梦乡。（文章开头）

——《“诺曼底号”遇难记》

（2）①晋察冀边区的北部有一条还乡河，河里长着很多芦苇。②河边有个小村庄。③芦花开的时候，远远望去，黄绿的芦苇上好像盖了一层厚厚的白雪。④风一吹，鹅毛般的苇絮就飘飘悠悠地飞起来，把这几十家小房屋都罩在柔软的芦花里。因此，这村就叫芦花村。十二岁的雨来就是这村里的。（文章开头）

——《小英雄雨来》

（3）车窗外是茫茫的大戈壁，没有山，没有水，也没有人烟。天和地的界限并不那么清晰，都是浑黄一体。

——《白杨》

3. 问题设计

（1）以上自然景物描写的句子出现在文章什么位置？借用哪些自然景物进行描写？

（2）这些景物描写的特点是什么？起到了怎样的表达作用？

4. 句子解读：以《小英雄雨来》为例

（1）开头，自然景物描写的对象：河、芦苇、苇絮、芦花。

（2）这段自然景物描写写出了芦花村景色优美、祥和的特点。第3句写了芦花盛开时的美景。“一层厚厚的白雪”表现了芦花的繁盛，同时也暗示了河面都被芦苇覆盖了，看不清水下的东西，为雨来后来的顺利脱险创造了有利的条件。第4句“鹅毛般”的苇絮，形象地写出了苇絮漫天飞舞的景象。“飘飘悠悠”富有动感，写出了雨来家乡的美。“罩”说明了整个村子被芦苇覆盖。这些都说明雨来的家乡很美，这样美丽的家乡是不允许敌人来侵犯的。

（3）这段自然景物描写交代了故事发生的地点和背景，还为故事的发展埋下了伏笔。

（二）烘托人物心情

自然景物的描写往往是为塑造人物服务的，也就是说，作家为了表现人物丰富的心理、复杂的性格，凸显人物形象，往往要为人物设置多种不同的自然环境。

1. 典型文本

《那片绿绿的爬山虎》《穷人》《凡卡》。

2. 文本解读

以上三篇课文在文中各处有数句自然景物描写，有时兼具两种作用。

（1）那天下午，天气很好，我来到叶老先生住的四合院。刚进里院，一墙绿葱葱的爬山虎扑入眼帘。夏日的燥热仿佛一下子减去了许多，阳光都变成绿色的，像温柔的小精灵一样在上面跳跃着，闪烁着迷离的光点。（文章中间）

落日的余晖染红窗棂，院里那一墙的爬山虎，绿得沉郁，如同一片浓浓的湖水，映在客厅的玻璃窗上，不停地摇曳着，显得虎虎有生气。（文章中间）

在我的眼前，那片爬山虎总是那么绿着。（文章结尾）

——《那片绿绿的爬山虎》

（2）渔夫的妻子桑娜坐在火炉旁补一张破帆。屋外寒风呼啸，汹涌澎湃的海浪拍击着海岸，溅起一阵阵浪花。海上正起着风暴，外面又黑又冷，这间渔家的小屋里却温暖而舒适。地扫得干干净净，炉子里的火还没有熄，食具在搁板上闪闪发亮。挂着白色帐子的床上，五个孩子正在海风呼啸声中安静地睡着。丈夫清早驾着小船出海，这时候还没有回来。桑娜听着波涛的轰鸣和狂风的怒吼，感到心惊肉跳。（文章开头）

——《穷人》

（3）天气真好，晴朗，一丝风也没有，干冷干冷的。那是个没有月亮的夜晚，可是整个村子——白房顶啦，烟囱里冒出来的一缕缕的烟啦，披着浓霜一身银白的树木啦，雪堆啦，全看得见。天空撒满了快活地眨着眼的星星，天河显得很清楚，仿佛为了过节，有人拿雪把它擦亮了似的……（文章中间）

——《凡卡》

3. 问题设计

（1）以上自然景物描写的句子出现在文章什么位置？借用了哪些自然景物进行描写？

（2）这景物描写的特点是什么？起到了怎样的表达作用？

4. 句子解读：以《那片绿绿的爬山虎》为例

（1）中间和结尾，自然景物描写的对象：爬山虎、夏日、阳光、落日。

（2）一切景语皆情语。第一次作者作为一名中学生到叶老家做客时看到阳光下的爬山虎，这是直接描写。“减去燥热、温柔的小精灵跳跃、闪烁着迷离的小光点”表达了作者兴奋、激动的心情。第二次是作者和叶老见面交谈后，作者的心被融化了，这是间接描写。作者在客厅看到映在玻璃窗上的爬山虎，如一片浓浓的湖水，这也是想象描写，表达作者敬慕的感情。第三次是后来作者每次回想与叶老见面的情景，总想起那一墙绿绿的爬山虎。结尾点题，意蕴悠长，余味无穷，表达了作者的无限追思，代表了作者记忆中的叶老对作者的谆谆教诲。这三句中的自然环境描写，“绿”是文章的主色调，它联系着叶老为少年儿童所写的《爬山虎的脚》，勾连作者对往事的回忆，还寄寓了对叶老甘为绿叶的赞颂之意。

（3）这段自然景物描写不仅烘托了人物心情，还深化了作品主题。

（三）渲染气氛

渲染气氛是指在叙事的过程中，作者通过刻画事件发生的环境、当时的场面、整体的氛围，凸显作者本人或文中人物独特的情绪、心理、感受、情感，给读者以身临其境的感觉，诱发读者的情感共鸣，增强文章的感染力。

环境渲染法是最常用的一种渲染气氛的方法，就是抓住事件发生的环境中的几个事物，通过对特定事物的选择、色彩的刻画、声音的刻画、物态的刻画、感受的刻画，以及整体环境给人的感受描写，营造独特的氛围，表现作者或文中主要人物的心理、情感、情绪、感受。

1. 典型文本

《小英雄雨来》《白杨》《穷人》。

2. 文本解读

以上课文在文中各处有数句自然景物描写，有时兼具两种作用。

（1）太阳已经落下去。蓝蓝的天上飘着的浮云像一块一块红绸子，映在还乡河上，像开了一大朵一大朵鸡冠花。苇塘的芦花被风吹起来，在上面飘飘悠悠地飞着。（文章中间）

——《小英雄雨来》

（2）车窗外是茫茫的大戈壁，没有山，没有水，也没有人烟。天和地的界限并不那么清晰，都是浑黄一体。（文章开头）

——《白杨》

（3）屋外寒风呼啸，汹涌澎湃的海浪拍击着海岸，溅起一阵阵浪花。海上正起着风暴，外面又黑又冷，这间渔家的小屋里却温暖而舒适。地扫得干干净净，炉子里的火还没有熄，食具在搁板上闪闪发亮。挂着白色帐子的床上，五个孩子正在海风呼啸声中安静地睡着。（文章开头）

海面上什么也看不见。风掀起她的围巾，卷着被刮断的什么东西敲打着邻居的小屋的门。（文章中间）

门突然开了，一股清新的海风冲进屋子。（文章中间）

——《穷人》

3. 问题设计

（1）以上自然景物描写的句子出现在文章什么位置？借用了哪些自然景物进行描写？

（2）这些自然景物的描写起到了怎样的表达作用？

4. 句子解读：以《小英雄雨来》为例

（1）文章中间，自然景物描写的对象：太阳、天、云、芦花。

（2）这是故事第五节中的一段自然景物描写，此时此刻，小雨来可能已经死在鬼子的枪下，“浮云像红绸子，映在还乡河上，像鸡冠花。芦花飘飘悠悠地飞着”，这悲壮感人的自然景物描写营造了庄严、肃穆的气氛。此情此景，雨来在我们心目中的形象渐渐高大起来，从一个泥鳅一样的小孩已蜕变成了一个光辉的小英雄形象。此时的自然景物描写对雨来的英雄形象起了烘托、映衬、渲染、升华的作用。

（3）这部分自然景物描写不仅渲染了文章中心事件的气氛，同时深化了作品主题。

（四）推动故事情节发展

叙事类作品的情节发展与自然景物描写往往是相互依存、相互制约的，自然景物描写以情节为依据，而情节发展又离不开自然景物描写。

1. 典型文本

《钓鱼的启示》《夜莺的歌声》《桥》。

2. 文本解读

以上三篇课文在文中各部分有数句自然景物描写，有时兼具两种作用。

（1）晚霞辉映的湖面上溅起了一圈圈彩色的涟漪。不一会儿，月亮升起来了，湖面变得银光闪闪。（文章中间）

我和父亲得意地欣赏着这条漂亮的大鲈鱼，看着鱼鳃在银色的月光下轻轻翕动着。（文章中间）

我抬头看了一下四周，到处都是静悄悄的，皎洁的月光下看不见其他人和船的影子。我再次把乞求的目光投向了父亲。（文章中间）

——《钓鱼的启示》

（2）战斗刚刚结束，一小队德国兵进了村庄。大道两旁全是黑色的碎瓦。空旷的花园里，烧焦的树垂头丧气地弯着腰。（文章开头）

森林越来越密。弯弯曲曲的小路穿过密密的白桦树林，穿过杂草丛生的空地，又爬上了长满古松的小山。（文章中间）

树林深处，有几个游击队员埋伏在那里，树旁架着冲锋枪。他们从树枝缝里往外望，能够看见曲折的小路。他们不时说几句简单的话，小心地拨开树枝，聚精会神地盯着远方。（文章中间）

——《夜莺的歌声》

（3）黎明的时候，雨突然大了。像泼。像倒。（文章开头）

山洪咆哮着，像一群受惊的野马，从山谷里狂奔而来，势不可当。（文章中间）

近一米高的洪水已经在路面上跳舞了。（文章中间）

水渐渐窜上来，放肆地舔着人们的腰。（文章中间）

一片白茫茫的世界。（文章中间）

——《桥》

3. 问题设计

（1）以上自然景物描写的句子出现在文章不同处，起到的作用各不相同，首先想一想作者借用了哪些自然景物进行描写。

（2）联系上下文，再想一想自然景物的每次出现对推动故事情节起到了什么作用。

4. 句子解读：以《钓鱼的启示》为例

（1）在课文第二、三、八段，自然景物描写的对象：晚霞、湖面、月亮、月光。

（2）“一景串始终”，文章中提到三次“月光”，“月光”是情节发展的线索。第二段通过“月光”描写营造故事开端。“晚霞的绚丽，月色的皎洁，湖面的彩色涟漪、银光闪闪”写出了月夜的安静以及作者心情的愉悦，为后面钓到鱼兴奋以及失去鱼不舍的情节发展做铺垫。第三段通过“月光”的描写来推动故事的发展。“我”和父亲钓到了一条漂亮的大鲈鱼，银色的月光下鱼鳃在翕动着，暗示或推动情节的发展，父子即将展开对话，正是这段对话将故事推向高潮。第八段通过对“月光”的描写将故事推向高潮。因距离开放捕捞鲈鱼的时间还有两个小时，父子产生关于是否放鱼的争执。这一环境描写贯穿全篇，有发展有变化，推动情节的发展。

（3）这部分自然景物描写不仅烘托人物心情，还推动了故事情节的发展。

（五）深化主题

自然景物的细致刻画可以更好地展示人物性格，从而达到深化主题的作用。

1. 典型文本

《那片绿绿的爬山虎》《“诺曼底号”遇难记》《白杨》。

2. 文本解读

以上三篇课文自然景物描写的句子分布在文本各处，句数不等，有时兼具两种作用。

（1）在我的眼前，那片爬山虎总是那么绿着。（文章结尾）

——《那片绿绿的爬山虎》

（2）哈尔威船长一个手势也没有做，一句话也没有说，犹如铁铸，纹丝不动，随着轮船一起沉入了深渊。人们透过阴惨惨的雾气，凝视着这尊黑色的雕像徐徐沉进大海。（文章中间）

——《“诺曼底号”遇难记》

（3）突然，他的嘴角又浮起一丝微笑，那是因为他看见火车前进方向的右面，在一棵高大的白杨树身边，几棵小树正迎着风沙成长起来。（文章结尾）

——《白杨》

3. 问题设计

（1）以上自然景物描写的句子出现在文章不同之处，联系上下文，思考作者是借用哪些自然景物来表达文章主题的。

（2）这些自然景物的描写对表达文章主题起到了什么作用?

4. 句子解读：以《“诺曼底号”遇难记》为例

（1）自然景物描写对象：雾气。

（2）从前文知道，本文对夜雾的描写比较多，作者反复写雾，给这次海上航行刷上了一层浓重的悲剧色彩。“阴惨惨的雾气”“纹丝不动”和“雕像”不仅渲染出悲壮惨烈的场面，还表达了人们内心的敬重，反衬了主人公的伟大，也更加突出了他的忠于职守和沉着勇敢，表达出人们对船长的无比崇敬与惋惜之情。

（3）这部分自然景物描写不仅展示了人物性格，还深化了作品主题，并渲染了气氛。

四、课程教学设计

（一）教学对象

五、六年级学生。

（二）教学课时

8课时。

（三）教学方式

自主学习（个人研读）、合作学习（小组研讨、全班交流）、探究学习

（质疑研讨）、反思学习（反思总结）。

（四）教学流程

任务驱动—个人研读—集体研讨—展示分享—质疑问难—反思总结—学以致用。

（五）学习策略

学习预曝光、任务（问题）驱动、学习共同体、学习媒介。

（六）教学实施计划

◆◆ 第一部分　课程导入，课前预曝光 ◆◆

1. 做法

教师提前一周在班级教室的布告栏内张贴《学习预告》和《入场券》（表1）。

2. 目的

激发学生好奇和期待的心理，使学生为专题学习做好心理准备，并激活学生关于专题学习的有关先期知识。

学习预告：叙事性作品自然景物描写作用的探究

同学们！在未来的一周里，我们将整合语文教材里的部分课文，在课堂内外展开“叙事作品中自然景物描写作用的探究”专题学习之旅。这场旅行将经历重重诱惑和挑战，触发脑力激荡的思考极限，体验令人欢欣鼓舞的兴奋和领悟，收获运用自如的成功与自豪……

你准备好了吗？你对“叙事性作品中自然景物描写的作用”有多少了解？请用心填写《入场券》来接受挑战吧！

敬请期待×月×日即将开启的专题探究学习之旅。

——×老师　×月×日

表1 叙事性作品中自然景物描写作用的探究入场券

姓名：______日期：______

序号	问题呼唤	你的应答
定义	自然景物通常指季节与时令的变化或大地山川、日月星辰、风云雨雪及花草树木等的形态	
1	你现在对“叙事性作品中自然景物描写的作用”有哪些了解？（可分点概述）	1.______2.______3.______ 4.______5.______
2	你对“叙事性作品中自然景物描写的作用”存在哪些疑问？请用“※”标记出你最想了解的一点	
3	回读自己的习作，看看是否运用过自然景物描写，说说理由	用过（　　）　没用过（　　） 理由：
4	分享一段你搜索到的关于“叙事性作品中自然景物描写的作用”的信息。（注意标明信息来源）	

第二部分　教学设计简案

第一、二课时

【教学任务】

（1）第一课时根据学习报告，讨论归纳叙事性作品中自然景物描写的不同作用；同时默读《语文深度学习学生用书》第二板块学习材料1～4课内容，画出关于自然景物描写的句子，尝试标注自然景物在文中表达作用的类型，并圈出描写的景物，画出表现景物特点的词语和关键语句，批注此处景物描写给你的感受和启发。

（2）第二课时完成自然景物描写第一、二种作用的深入分析与交流。（简案）

【教学过程】

（1）合作学习（小组研讨、全班交流），交流“预习报告”，提炼总结自然景物描写作用的五大类型。

（2）个人研读《语文深度学习学生用书》第二板块学习材料，画出文章中关于自然景物描写的句子，尝试标注自然景物在文中表达作用的类型，圈出描写的景物，画出表现景物特点的词语和关键语句，批注此处景物描写给你的感受和启发。

（3）展示分享，集体研讨。

（4）深入品析第一、二种自然景物描写的作用类型。

① 以《小英雄雨来》为例解读第一类型“交代时间、地点和背景”。

② 以《那片绿绿的爬山虎》为例解读第二类型“烘托人物心情”。

案例1：

①晋察冀边区的北部有一条还乡河，河里长着很多芦苇。②河边有个小村庄。③芦花开的时候，远远望去，黄绿的芦苇上好像盖了一层厚厚的白雪。④风一吹，鹅毛般的苇絮就飘飘悠悠地飞起来，把这几十家小房屋都罩在柔软的芦花里。因此，这村就叫芦花村。十二岁的雨来就是这村里的。（文章开头）

——《小英雄雨来》

1. 问题设计

（1）以上自然景物描写的句子出现在文章什么位置？借用哪些自然景物进行描写？

（2）这些景物描写的特点是什么？起到了怎样的表达作用？

2. 句子解读

（1）开头，自然景物描写的对象：河、芦苇、苇絮、芦花。

（2）这段自然景物描写出了芦花村景色优美、祥和的特点。第③句写了芦花盛开时的美景。“一层厚厚的白雪”表现了芦花的繁盛，同时也暗示了河面都被芦苇覆盖了，看不清水下的东西，为雨来后来的顺利脱险创造了有利的条件。第④句“鹅毛般”的苇絮，形象地写出了苇絮漫天飞舞的景象。“飘飘悠悠”富有动感，写出了雨来家乡的美。“罩”说明了整个村子被芦苇覆盖。这些都说明雨来的家乡很美，这样美丽的家乡是不允许敌人来侵犯的。

（3）这段自然景物描写交代了故事发生的地点和背景，还为故事的发展埋下伏笔。

案例2：

那天下午，天气很好，我来到叶老先生住的四合院，刚进里院，一墙绿葱葱的爬山虎扑入眼帘。夏日的燥热仿佛一下子减去了许多，阳光都变成绿色的，像温柔的小精灵一样在上面跳跃着，闪烁着迷离的光点。（文章中间）

落日的余晖染红窗棂，院里那一墙的爬山虎，绿得沉郁，如同一片浓浓的湖水，映在客厅的玻璃窗上，不停地摇曳着，显得虎虎有生气。（文章中间）

在我的眼前，那片爬山虎总是那么绿着。（文章结尾）

——《那片绿绿的爬山虎》

1. 问题设计

（1）以上自然景物描写的句子出现在文章什么位置？借用了哪些自然景物进行描写？

（2）这些景物描写的特点是什么？起到了怎样的表达作用？

2. 句子解读

（1）中间和结尾，自然景物描写的对象：爬山虎、夏日、阳光、落日。

（2）一切景语皆情语。第一次作者作为一名中学生到叶老家做客时看到阳光下的爬山虎，这是直接描写。“减去燥热、温柔的小精灵跳跃、闪烁着迷离的小光点”表达了作者兴奋、激动的心情。第二次是作者和叶老见面交谈后，作者的心被融化了，这是间接描写。作者在客厅看到映在玻璃窗上的爬山虎，如一片浓浓的湖水，这也是想象描写，表达作者敬慕的感情。第三次是后来作者每次回想与叶老见面的情景，总想起那一墙绿绿的爬山虎。结尾点题，意蕴悠长，余味无穷，表达了作者的无限追思，代表了作者记忆中的叶老对作者的谆谆教诲。这三句中的自然环境描写，“绿”是文章的主色调，它联系着叶老为少年儿童所写的《爬山虎的脚》，勾连作者对往事的回忆，还寄寓了对叶老甘为绿叶的赞颂之意。

（3）这段自然景物描写不仅烘托了人物心情，还深化了作品主题。

（4）独立完成学习媒介1《小英雄雨来》《穷人》作业并小结。

【作业布置】

完成学习媒介1《白杨》《凡卡》作业内容。

学习媒介1：

根据课堂所学，将课文进行归类（表2）。

表2　微整合课程：叙事性作品中自然景物描写作用的探究

类别	课文题目	自然景物句子	所在位置（可多选）	关键词语	解读具体作用	同时兼具两种表达	收获或疑问或感悟
交代时间、地点和背景	“诺曼底号”遇难记	第1段第2句	篇首（√） 篇中（　） 篇尾（　）	夜色 大海 烟雾	自然景物描写交代了背景，说明了发生撞船事故的外界条件，为下文埋下伏笔	1. 交代了故事发生的时间、地点和背景。 2. 渲染气氛	
	小英雄雨来		篇首（　） 篇中（　） 篇尾（　）				
	白杨		篇首（　） 篇中（　） 篇尾（　）				
烘托人物心情	那片绿绿的爬山虎	第7段第2句 第9段第3句 第10段第4句	篇首（　） 篇中（√） 篇尾（√）	爬山虎 夏日 阳光 落日	第一处自然景物描写表达我的兴奋、激动之情；第二次表达敬慕之情；第三次表达无限追思之情	1. 烘托人物心情 2. 深化了作品主题	
	穷人		篇首（　） 篇中（　） 篇尾（　）				
	凡卡		篇首（　） 篇中（　） 篇尾（　）				

第三课时

【教学任务】

（1）第一课时对学习媒介1的学习情况进行讨论、小结，并完成自然景物描写第三种作用“渲染气氛”的深入分析与交流。

（2）第二课时完成自然景物描写第四、五种作用“推动故事情节发展”“深化主题”的深入分析与交流。

【教学目标】

（1）对学习媒介1的部分内容进行小组讨论、全班研讨。

（2）品析自然景物描写第三种作用“渲染气氛”。

（3）体会叙事类作品中自然景物描写对渲染气氛的表达效果。

【教学过程】

（一）作业反馈

指名交流学习媒介1中的《小英雄雨来》《穷人》《白杨》《凡卡》作业情况，师生共同倾听、讨论、质疑、补充，达成基本的共识。

（二）导入新课

1. 导入

今天我们主要学习叙事类作品中自然景物描写的第三种作用渲染气氛。一般来讲，每篇叙事类作品都有一种感情基调，也有一种特定的氛围，作者往往用生动的自然景物描写来渲染故事的气氛，从而增强故事的真实性，感染读者。那么“渲染”是什么意思?

2. 学生交流，引导发现

渲染本是一种国画技法，一般是在需要强调的地方浓墨重彩，使画面形象的某一方面更为突出。在文学中就是正面着意描写。

3. 引导理解

1870年3月17日夜晚，哈尔威船长照例走着从南安普敦到格西恩岛这条航线。大海上夜色正浓，烟雾弥漫。船长站在驾驶室里，小心翼翼地驾驶着他的“诺曼底号”。乘客们都进入了梦乡。

这段自然环境描写交代了故事发生的时间、地点，通过“大海上夜色正浓，烟雾弥漫”营造了一种紧张氛围，渲染了不祥的感情基调，为下文“诺曼底号”遇难做铺垫。

（三）品析语句

1. 品析《穷人》

（1）学生自主阅读下面这段话，思考下面两个问题：这段自然景物描写出现在文章什么位置？勾画出具体表现环境的词语。描写了景物的什么特点？起到了怎样的表达作用？

屋外寒风呼啸，汹涌澎湃的海浪拍击着海岸，溅起一阵阵浪花。海上正起着风暴，外面又黑又冷，这间渔家的小屋里却温暖而舒适。地扫得干干净净，炉子里的火还没有熄，食具在搁板上闪闪发亮。挂着白色帐子的床上，五个孩子正在海风呼啸声中安静地睡着。

海面上什么也看不见。风掀起她的围巾，卷着被刮断的什么东西敲打着邻居的小屋的门。（文章中间）

门突然开了，一股清新的海风冲进屋子。（文章中间）

——《穷人》

（2）交流引导发现。

① 这段话出现在文章多处。

② 这些语句交代了故事发生的地点、天气。“寒风呼啸”“汹涌澎湃的海浪”“风暴”“又黑又冷”突出了风暴中的大海那惊涛骇浪的景象。天气这么恶劣，渔夫还外出打鱼，多么危险，渲染紧张的气氛，推动故事情节的发展，也衬托出渔夫的勤劳。

③“清新”一词让人心头一亮，冲走了屋里沉闷的空气，冲走了桑娜的忧心忡忡、忐忑不安，带来了新气象、新转机，暗示着桑娜和渔夫都很有爱心，宁愿自己吃苦，也要帮助别人。

2. 品析《小英雄雨来》

（1）学生自主阅读下面这段话，思考下面两个问题：这段自然景物描写的句子出现在文章什么位置？勾画出具体表现环境的词语。描写了景物什么特点？起到了什么表达作用？

> 太阳已经落下去。蓝蓝的天上飘着的浮云像一块一块红绸子，映在还乡河上，像开了一大朵一大朵鸡冠花。苇塘的芦花被风吹起来，在上面飘飘悠悠地飞着。
>
> ——《小英雄雨来》

（2）交流引导发现。

① 这段话出现在第五节中间一段，描写了太阳、天、云、芦花等自然景物。这个时候，小雨来可能已经死在鬼子的枪下。此时的景物描写渲染出庄严、肃穆的气氛。

② 此情此景，悲壮感人的景物描写让雨来在我们心目中的形象渐渐高大起来，雨来从一个泥鳅一样的小孩已蜕变成了一个光辉的小英雄形象。这里的自然景物描写起到了烘托、映衬、突出、渲染、升华的作用，同时还深化了作品主题。

3. 小结

环境描写在叙事类作品中并不是可有可无的，它的出现都是有一定意义的，为我们的作品“锦上添花”。相信大家以后阅读叙事类作品时，一定会更加关注小说中的环境描写。

（四）总结升华

叙事类作品离不开对环境的描写。环境是形成人物性格并驱使人物行动的生活场所，也是一定历史时代、社会现实及其发展趋势的具体体现。典型的环境描写对于塑造人物、渲染氛围、深化主题等方面有着十分重要的作用。

【作业布置】

完成学习媒介1中的“渲染气氛”中《小英雄雨来》《穷人》《白杨》3篇课文理解的任务（表3）。

表3 课文理解表

类别	课文题目	自然景物句子	所在位置（可多选）	关键词语	解读具体作用	同时兼具两种表达	收获或疑问或感悟
渲染气氛	小英雄雨来		篇首（　） 篇中（　） 篇尾（　）				
	穷人		篇首（　） 篇中（　） 篇尾（　）				
	白杨		篇首（　） 篇中（　） 篇尾（　）				

第四课时

（1）作业反馈：指名交流学习媒介1中的《小英雄雨来》《穷人》《白杨》的作业情况，师生共同倾听、讨论、质疑、补充，达成基本的共识。

（2）个人阅读《语文深度学习学生用书》第一板块阅读材料。

（3）展示分享，集体研讨。

（4）深入品析第四、五种表达作用类型。

① 以《钓鱼的启示》为例解读第四种类型“推动故事情节发展”。

② 以《“诺曼底”号遇难记》为例解读第五种类型“深化作品主题”。

案例1：

推动故事情节发展：

晚霞辉映的湖面上溅起了一圈圈彩色的涟漪。不一会儿，月亮升起来了，湖面变得银光闪闪。（文章中间）

我和父亲得意地欣赏着这条漂亮的大鲈鱼，看着鱼鳃在银色的月光下轻轻翕动着。（文章中间）

我抬头看了一下四周，到处都是静悄悄的，皎洁的月光下看不见其他人和船的影子。我再次把乞求的目光投向了父亲。（文章中间）

——《钓鱼的启示》

1. 问题设计

（1）以上自然景物描写的句子出现在文章不同处，起到的作用各不相同，首先想一想作者借用了哪些自然景物进行描写。

（2）联系上下文，再想一想自然景物的每次出现对推动故事情节起到了什么作用。

2. 句子解读

（1）在课文第二、三、八段，自然景物描写的对象：晚霞、湖面、月亮、月光。

（2）“一景串始终”，文章中提到三次“月光”，“月光”是情节发展的线索。第二段通过“月光”描写营造故事开端。“晚霞的绚丽，月色的皎洁，湖面的彩色涟漪、银光闪闪”写出了月夜的安静以及作者心情的愉悦，为后面钓到鱼兴奋以及失去鱼不舍的情节发展做铺垫。第三段通过“月光”的描写来推动故事的发展。“我”和父亲钓到了一条漂亮的大鲈鱼，银色的月光下鱼鳃在翕动着，暗示或推动情节的发展，父子即将展开对话，正是这段对话将故事推向高潮。第八段通过对“月光”的描写将故事推向高潮。因距离开放捕捞鲈鱼的时间还有两个小时，父子产生关于是否放鱼的争执。这一环境描写贯穿全篇，有发展有变化，推动情节的发展。

（3）这部分自然景物描写不仅烘托人物心情，还推动了故事情节的发展。

案例2：

深化作品主题：

哈尔威船长一个手势也没有做，一句话也没有说，犹如铁铸，纹丝不动，随着轮船一起沉入了深渊。人们透过阴惨惨的雾气，凝视着这尊黑色的雕像徐徐沉进大海。（文章中间）

——《“诺曼底”号遇难记》

1. 问题设计

（1）以上自然景物描写的句子出现在文章不同之处，联系上下文，思考作者是借用哪些自然景物来表达文章主题的。

（2）这些自然景物的描写对表达文章主题起到了什么作用？

2. 句子解读

（1）自然景物描写对象：雾气。

（2）从前文知道，本文对夜雾的描写比较多，作者反复写雾，给这次海上航行刷上了一层浓重的悲剧色彩。"阴惨惨的雾气""纹丝不动"和"雕像"不仅渲染出悲壮惨烈的场面，还表达了人们内心的敬重，反衬了主人公的伟大，也更加突出了他的忠于职守和沉着勇敢，表达出人们对船长的无比崇敬与惋惜之情。

（3）这部分自然景物描写不仅展示了人物性格，还深化了作品主题，并渲染了气氛。

【作业布置】

完成学习媒介1全部内容。

第五课时

【教学任务】

（1）对学习媒介1的学习情况进行分享、讨论、小结。

（2）反思总结。

【教学过程】

（1）学习媒介2的小组讨论、全班分享。

师生共同倾听、讨论、质疑、补充。

（2）了解写作内容［学习媒介2（表4）］。

表4　写作内容

姓名：______日期：______

第一部分：自然景物描写在叙事性作品中的作用
第二部分：我的评价和感想
第三部分：我的应用计划（包括阅读、写作） 1. 阅读方面：运用所学方法和策略，自选一篇叙事类课外文本，对其表现手法进行分析解读。 2. 写作方面：运用自己最有心得的一种表现手法，构思写作的内容和思路

（3）写之前先琢磨下写作支架（表5）。

表5　写作支架

具体要求	解释说明	范例
标题	研究报告要有一个标题	自然景物描写作用的探究专题学习优质报告
问题的提出	写出研究目的	发现学之前存在的各种问题
研究方法	写清楚研究的具体内容和研究方法	研究的内容主要是五大作用和九篇叙事类文章
研究情况和资料整理	要把研究情况整理出来	自然景物描写在叙事性作品中的五大作用
研究结论	要对研究结果进行分析	我的评价和感想
研究应用	研究结论在今后学习中的应用	1. 阅读方面：运用所学方法和策略，自选一篇叙事类课外文本，对其表现手法进行分析解读。 2. 写作方面：运用自己最有心得的一种表现手法，构思写作的内容和思路或修改自己习作

（4）构建写作提纲，开始写作。

【作业布置】

学习报告未完成者继续完成。

第六、七课时

【教学任务】

（1）第六课时：师生对学习媒介2的学习情况进行分享、讨论，完成学习媒介3的学习。

（2）第七课时：完成学习媒介4。

【教学过程】

（一）完成教学任务（1）

（1）学习媒介2的全班分享，共同倾听、讨论、质疑、补充，达成基本的共识。

（2）完成学习媒介3，对一篇课外短文进行品析。

没攀登过天游峰的人，不能算到过武夷山。

天游峰——武夷山第一险峰。九百多级石梯，像一根银丝从空中抛下来，在云雾中飘飘悠悠，仿佛风一吹就能断掉似的。那天，我终于顺着这根银丝上了峰顶，心里好不得意。

下了山，已是傍晚时分。我游兴未尽，便踏着暮色，沿着小溪散步。在一片静寂中，我隐约听见“哗——哗——”的声音，颇有节奏地从岭下的竹丛中传来。这声音由远而近，一声比一声分明。我循声迎了上去，及至到了眼前，才看清是一位精瘦的老人。他身穿一套褪色的衣服，足蹬一双棕色的运动鞋，正用一把竹扫帚清扫着路面。原来老人是游览区的扫路人，每天负责打扫登天游峰的石阶。

老人引我进了他的小屋，为我沏了一杯浓茶。茶，很热，很香，仿佛一股暖流，很快沟通了我们俩的心灵。

“如今游客多，您老工作挺累吧？”

“不累，不累，我每天早晨扫上山，傍晚扫下山，扫一程，歇一程，再把好山好水看一程。”他说得轻轻松松，自在悠闲。

我抬头望了望在暮色中顶天立地的天游峰，上山九百多级，下山九百多级，一上一下一千八百多级。那层层叠叠的石阶，常常使游客们气喘吁吁，大汗淋漓，甚至望而却步，半途而返。可是这位老人，每天都要一级一级扫上去，再一级一级扫下来……我不禁倒抽了一口气。

借着淡淡的星光，我仔细打量了他：瘦削的脸，面色黝黑，淡淡的眉毛下，一双慈善的眼睛炯炯有神。

“您老有60岁了吧？”

老人摇摇头，伸出了七个指头，然后悠然地说：“按说，我早该退休了。可我实在离不开这里，喝的是雪花泉的水，吃的是自己种的大米和青菜，呼吸的是清爽的空气，而且还有花鸟作伴，我能舍得走吗？”

我紧紧抓住他的双手说：“30年后，我再来看您！”

“30年后，我照样请您喝茶！”说罢，老人朗声大笑。笑声惊动了竹丛里的一对宿鸟，它们扑棱棱地飞了起来，又悄悄地落回原处。这充满自信、豁达开朗的笑声，一直伴随我回到住地。

——《天游峰的扫路人》

1. 问题设计

（1）勾画出描写自然景物的句子，想一想作者借用了哪些自然景物进行描写。

（2）联系短文的主要内容和中心，说说这几处自然景物描写的作用分别是什么。

2. 句子解析

（1）九百多级石梯，像一根银丝从空中抛下来，在云雾中飘飘悠悠，仿佛风一吹就能断掉似的。那天，我终于顺着这根银丝上了峰顶，心里好不得意。

（2）我抬头望了望在暮色中顶天立地的天游峰，上山九百多级，下山九百多级，一上一下一千八百多级。那层层叠叠的石阶，常常使游客们气喘吁吁，大汗淋漓，甚至望而却步，半途而返。可这位老人一级一级扫上去，再一级一级扫下来……我不禁倒抽了一口气。

作者借用石梯、云雾烘托天游峰的险峻，第一句是从远看的角度写天游峰，第二句是从近观的角度写天游峰。一远一近的铺设是为了引读：可这位老人一级一级扫上去，再一级一级扫下来；可他却能轻轻松松、自在悠闲地说："不累，不累，我每天早晨扫上山，傍晚扫下山，扫一程，歇一程，再把好山好水看一程。"这里，写景的目的是烘托扫路人的品质：淡定和从容的性格。此外这两处景物还起着衬托和比较的作用，特别是第一处"好不得意"推动了情节的发展。正因为这种想要征服天游峰的心理导致"我"遇到了扫路人，情绪上有了转弯，才有了和老人的交谈，从而引出了本文的内容。

（3）说罢，老人朗声大笑。笑声惊动了竹丛里的一对宿鸟，它们扑棱棱地飞了起来，又悄悄地落回原处。这充满自信、豁达开朗的笑声，一直伴随我回到住地。

作者借用"宿鸟扑棱棱地飞了起来，又悄悄地落回原处"表达扫路人对大自然深深的眷恋之情，深化了短文主题。

（二）完成教学任务（2）

（1）根据所学内容，请读读这篇文章，你会在哪里"补"自然景物描写的句子呢？

一件小事

今天的天气真热呀！

我拿着妈妈给我的7块钱，高高兴兴地到超市去买冷饮。走着走着，我看到一位爷爷正在卖青蛙，网兜里还装着许多青蛙，青蛙们都好像伤心地叫着："放了我们吧，放了我们吧！"我觉得青蛙真的很可怜，就跟那位爷爷说："爷爷，把青蛙放了吧，青蛙可是吃害虫的益虫啊，是保护庄稼的。"爷爷愣了一下说："好吧，我这就去放了，但你得把手上的钱给我。"我看着手上的钱，想着超市的冷饮，又看看那些可怜的青蛙，犹豫了下，就把钱给了那位老爷爷。老爷爷愣了下，笑着说："孩子，我不要你的钱了，但我会把青蛙放了。"

我买完冷饮回家把这件事告诉了妈妈，妈妈说我是一个保护青蛙的好孩子。

（2）小组合作，给指定习作添加至少一处景物描写，清楚需要起到什么作用。先考虑清楚景物描写在文章中要起到什么作用，再集思广益进行修改或添加。

（3）小组派代表宣读作文，老师和同学共同评价打分，完成学习媒介4中自然景物描写在叙事性作品中的作用评价得分表（表6）。

表6 作用评价得分表

景物描写	有景物描写（加1分）	
	描写恰当（每一个妙处加2分）	
质疑问难	点评中肯（加2分）	
	建议中肯（加3分）	
总得分		

（4）小结。

【作业布置】

给自己的习作添加自然景物描写，并注明起到的作用。

第八课时

【教学任务】

（1）师生对学习媒介4的学习情况进行分享、讨论。

（2）完成学习媒介5：TELL成长日志。

【教学过程】

（一）完成教学任务（1）

学习媒介4的全班分享，共同倾听、讨论、质疑、补充，达成基本的共识。

（二）完成教学任务（2）

完成学习媒介5：TELL成长日志（表7），交流分享。

表7　TELL成长日志

T=感谢 ■请记下本专题学习中你要感谢的人、物和事	
E=评价 ■关于本专题学习，你对自我学习成效和理解程度的评价如何？ ■你是否有遗憾，或者哪个方面还有疑惑，还需要帮助？	
L=学到 ■你学到了哪些知识和方法？请列出具体事实。 ■你是否学到了一种新的沟通技巧？ ■你有什么新的感悟和体验？ ■你产生了与本专题学习有关的联想是什么？	
L=列出行动计划 ■列出建立在你今天学习的基础上的新目标。 ■现在你希望进一步探究什么？	

五、附录（课程实施反思、学生作品展示）

（一）课程实施反思

1. 课前预测

这篇微整合课程的教学设计确实给我很大启发，从教生涯中，从来没有针对一个学习训练点利用“课前预曝光”的形式进行系统梳理，这与我之前的设想完全不同。它相当于把杂志式的课文通过一个学习训练点重新进行整合、归纳并学以致用。这在平时的课堂学习中也涉及过，但都是蜻蜓点水，没有这样深入学习。

2. 反思（含成功之处、不足之处、教学灵感和再教设计等）

执教过程中，学生的课堂反应让我有点无所适从，师生彼此习惯了一篇一篇课文地学习，突然间把学过的课文以“自然景物描写的作用”为主题串联起来学生有些不适应，尤其是第一、二课时非常不顺。但随着学习的不断深入，师生慢慢体会到了课程的精妙之处，尤其是习作教学涌现出一大批自觉添加自然景物描写的习作，并能准确标注表达的作用。此外，最让人欣喜的是以往习作训练都是写记叙文，但这个微课程的设计让学生运用“学习报告”这样的文体整理自己的教学过程、思考和收获，确实令人为之一叹。

（二）学生学习成果展示

（1）叙事性作品中自然景物描写作用的探究专题学习报告。

叙事类作品中自然景物描写作用的探究

专题研究报告

南山实验教育集团南头小学六（2） 谷梓萌

指导教师 邓玉琳

叙事性作品中自然景物描写作用的研究报告

我们班邓老师带着我们用了一周时间对叙事性课文——《通往广场的路不止一条》《跨越海峡的生命桥》《少年闰土》《钓鱼的启示》《那片绿绿的爬山虎》《凡卡》《穷人》《白杨》《卖火柴的小女孩》《钓鱼的启示》《夜莺的歌声》《桥》进行了再学习，尤其是对自然景物描写的五种作用进行了分类研究。

一、自然景物描写在文章中的作用

1. 交代故事发生的时间、地点，揭示作品的时代背景

我们语文五年级下册有篇选读课文《丰碑》第1自然段第2、3句："严寒把云中山冻成了一个大冰坨。狂风呼啸，大雪纷飞，似乎要吞掉这支装备很差的队伍。"通过学习，我对这句自然景物的描写进行了分析：此时红军的队伍正在云中山的冰天雪地里艰难地行进，交代了这个故事发生的地点，此处"大冰坨"可以看出环境的艰辛，而"狂风呼啸，大雪纷飞"与"装备很差的队伍"则可以看出这支红军队伍行进中的环境恶劣，为下面即将出现的"丰碑"埋下伏笔。

2. 烘托人物心情

自然景物描写是可以烘托人物心情的。这一点我在以前阅读课文时就已经发现了，但只是看出来了，从没停下来好好琢磨。人教版小学五年级上册第4单元第13课《钓鱼的启示》第2自然段第2句："我和父亲得意地欣赏着这条漂亮的大鲈鱼，看着鱼鳃在银色的月光下轻轻翕动着。"通过仔细阅读思考，我做了这样的分析："我"与爸爸去钓鱼时，当"我"钓到一条大鲈鱼时，"我"眼中看到的景物"银色的月光"烘托出我"得意、喜悦"的心情。

3. 渲染气氛

自然景物描写是可以渲染气氛的。记得刚刚学《穷人》一课时，我们在课堂上就已经围绕着环境描写进行了分析。"屋外寒风呼啸，汹涌澎湃的海浪拍击着海岸，溅起一阵阵浪花。海上正起着风暴，外面又黑又冷，这间渔家的小

屋里却温暖而舒适。地扫得干干净净，炉子里的火还没有熄，食具在搁板上闪闪发亮。挂着白色帐子的床上，五个孩子正在海风呼啸声中安静地睡着。”

第一句话所渲染出的气氛是寒冬、海上风暴、溅起的浪花，当看到这一句时，我的心就沉下来了，脑海里有一幅幅曾经看过的电影画面闪过；第二句作为过渡和对比，第三、四句则渲染出渔夫小屋的温暖与宁静。将两者放在一起是为了强调风暴的险恶程度和渔夫小屋的温馨，也为后文做了铺垫。

4. 推动情节的发展

自然景物描写是可以推动情节发展的。记得在学习《桥》这篇课文时，我们着重分析了这篇课文的情节部分，尤其是“黎明的时候，雨突然大了。像泼。像倒”，记得当时课堂上我和同学们交流时就谈到了此处是想给后文做铺垫或者解释。此时的雨要够大才可能出现山洪，才可能让人们惊慌失措，才会一伙儿人蜂拥着上桥，才会在老汉和年轻人推搡的那一刻突然垮掉，一场“像泼”“像倒”的大雨才能导致这一切发生，即推动故事情节的发展。学完这篇课文，我又重新阅读了《夜莺的歌声》等其他课文，发现很多自然景物的描写都在推动故事情节的发展，看来我在连载小说的写作中也要这样运用。

5. 深化作品主题

其实，自然景物描写深化主题这个作用我是这次学习中才体会到的，以前都是通过故事情节发现课文的主题，但这次居然可以通过自然景物的描写发现文章主题，太有意思了。你看《穷人》一课“屋子里没有生炉子，又潮湿又阴冷。”你看，课题是“穷人”，也就是指“穷苦的人家”，那么这里的“潮湿”“阴冷”指的是西蒙的小屋，这样一个孤苦伶仃的母亲，这样一个寒冬的夜晚，她的房屋又潮湿又阴冷，直接反映出当时穷人的真实生活画面，也为桑娜做出决定——抱回两个孤儿时忐忑不安的矛盾心情做了铺垫，对渔夫和桑娜的善良品质进行了深化。

二、我的评价和感想

这样的学习，我们是第一次，以往都是一篇课文一篇课文地学习，这次是将相同类型的课文放在一起学习，很有意思，我喜欢这样的学习。

此次探究我有不小的收获，如学会了在阅读时猜测自然描写的用意，而不是像以前那样直接跳过去读情节；学会了在以后写作文时，要在适当的地方使用自然景物描写，当然我也会留意当时的自然景物，以前好像从来没这样想过；还学会了在生活中用文章作者的眼光去看待某些自然现象及事物。写到这里，我突然想起来，在一些电影、电视剧里总有一个镜头闪过，印象最深的就是快大结局时，镜头就会出现云慢慢飘过遮盖的月亮，霎时间天亮的画面，这暗示了后面故事情节的发展。

三、我的应用

学完这个微课程后，我想到了刚刚完成的《语文知识能力与训练》这本练习册上有一篇短文莫怀戚的《散步》，我就对这篇短文进行分析。“这南方初春的田野，大块小块的新绿随意地铺着，有的浓，有的淡；树上的绿芽也密了；田野里的冬水也咕咕地起着水泡。这一切使人想起一样东西——生命。”这段自然景物的描写有两个作用：一是深化作品主题；二是交代故事发生的时间、地点，揭示作品的时代背景。作品的主题除了一家四口散步之外，还有“生命”，也就是母亲年老的生命和儿子幼小的生命，虽都是脆弱的，但依旧重要，暗示了本文的主题——对生命的感悟。还有“新绿”“绿芽”是刚刚长出的东西，表面写初春，实际写的是儿子的生命，是我对生命的感悟，如“新芽”“冬水”则是从冬日里解冻出来的，是旧的东西，暗喻母亲的生命，尽管是过去的冬水，但依然咕咕冒着，代表着生命的不止、顽强。

真希望以后还有这样的学习。

（2）学生习作展示。

那是一次勇敢的尝试

南山实验教育集团南头小学　六年级（2）班　沈乐轩

指导教师　邓玉琳

有一些尝试，竟会难以忘记，它时时萦绕于心，让你能不断从中获得启示，悟出一些人生哲理。

那是一年前的事情了，当时我忘带了语文作业，打电话给父母，希望他们送来，怎料父母非但没有答应，反而劝我自己去跟老师说明情况。

我气恼地挂掉了电话，紧接着愤怒地朝着电话大喊了一句：“我才不去跟老师说，你们自己等着我被点名批评吧！”发泄完了，恐惧便涌了上来，像一条毒蛇，吐着舌头，慢慢缠绕着我正在发抖的心。我可是优等生啊，怎能不带作业呢?

我感到手指冰凉，手心出汗。天似乎也阴了下来，太阳被乌云遮住了光芒。“我会不会被批评啊？”我想着，“如果邓老师检查作业的时候，发现我没交作业，会不会大发雷霆，严肃地批评我一顿？我还是去‘自首’吧！”我向邓老师办公室的方向走去。

走到半路时，我突然又犹豫起来，心里想：“算了吧，老师检查作业不可能面面俱到，我应该不会被检查到。”我转身又朝着教室的方向走去，天变得更黑了。

“不行！”我的心中仿佛有一个声音突然大喊起来，“万一老师检查到我的作业的话……”我猛地打了一个激灵，又转身朝着办公室的方向狂跑起来。“为了防止犹豫，我要跑起来！”我边跑边告诫自己。天上的乌云似乎也跟着我跑起来。

到了办公室的门口，我又打起了退堂鼓：“还是算了吧！”胆怯又慢慢浮了上来。

“对呀，还是算了吧！”我喃喃自语道。可是，来自我心底的另外一个声音冒了出来：“去坦白吧！”这个声音拉扯着我，把我拉进了邓老师的办公室。

我紧张不安地对老师说出了实情，老师的反应出奇的平静，只是对我说下次要注意，便把我打发走了。

回教室的路上，我不禁意识到，尝试是勇敢的一种表现，尽管它可能成功，也可能失败。然而不管怎样，你已经成功了，胆怯已经被你战胜，你胜利了。

这时候，太阳好像也从乌云中探出了脑袋，和煦的阳光照进我渐渐平静的心田。

小学叙事性作品中人物描写方法的探究

课程开发者：夏沁雨　李敏
课程实施者：夏沁雨

一、课程设计说明

叙事性作品是小学教材中的主要篇目类型，而学习叙事性作品的重点在于对人物形象的理解和主题思想的把握。小学语文课标中对叙事性作品的学段目标有如下阐述：“学生阅读叙事性作品，了解事件梗概，能简单描述自己印象最深的场景、人物、细节，说出自己的喜爱、憎恶、崇敬、向往、同情等感受。”然而，在课堂教学实践中，对于叙事性作品中人物形象的分析往往止于表面化、孤立性的分析，学生并没有系统地聚焦于理解人物描写的类型及其作用。这既造成了学生欠缺人物形象分析鉴赏的能力，同时还导致学生在平时的写作中不能较好地运用人物描写的方法刻画出人物形象。

为促进学生对人物描写方法的深度学习，本课程选取教材中人物描写方法鲜明的叙事性作品进行整合，主要引领学生探究叙事性作品中人物描写方法的类型及其表达作用，并能在写作中学以致用。

二、课程目标说明

1. 认知领域

（1）学生能够自主分析、理解人物描写手法在叙事性作品中对于人物形象的表达作用。

（2）学生能够通过写作来加深对人物描写方法的理解。

2. 人际领域

（1）学生通过合作探究活动、自主展示活动、反思质疑环节，学会倾听、表达。

（2）学生通过对叙事性作品的专题学习，对各种人物描写方法进行归类、研讨，学会合作、交流。

3. 自我领域

（1）学生通过自主批注学习材料、完成学习项目、反思学习结果、填写TELL成长日志与专题学习报告等学会学习，学会自我反思与提升。

（2）学生通过本课程学习，养成好学、善思、乐于探究的学习态度和情感。

三、课程内容说明

教材中涉及人物形象描写的叙事性作品有多篇，本课程精选人物描写特色鲜明的六篇课文作为课程学习内容（《景阳冈》《晏子使楚》《穷人》《摔跤》《慈母情深》《“凤辣子”初见林黛玉》）。

本课程依托《景阳冈》《晏子使楚》《穷人》重点引导学生分别对人物的动作描写、语言描写、心理描写类型进行深度探究。鉴于人物描写运用的整体性和课程实施时间的限制，神态描写和肖像描写的学习有机渗透在这三篇文本的探究过程中，不单独作为专题展开学习。

（一）动作描写

1. 典型文本

《景阳冈》片段。

（1）武松听了，笑道：“我是清河县人，这条景阳冈少说也走过了一二十遭，几时听说有大虫！你别说这样的话来吓我。就有大虫，我也不怕。”店家道：“我是好意救你，你不信，进来看官府的榜文。”武松道：“就真的有虎，我也不怕。你留我在家里歇，莫不是半夜三更要谋我钱财，害我性命，却把大虫吓唬我？”店家道：“我是一片好心，你反当作恶意。你不相信我，请你自己走吧！”一面说一面摇着头，走进店里去了。

（2）走到庙前，看见庙门上贴着一张榜文，上面盖着官府的印信。武松读了才知道真的有虎。武松想：“转身回酒店吧，一定会叫店家耻笑，算不得好汉，不能回去。”细想了一回，说道：“怕什么，只管上去，看看怎么样。”武松一面走，一面把毡笠儿掀在脊梁上，把哨棒插在腰间。回头一看，红日渐渐地坠下去了。

这正是十月间天气，日短夜长，天容易黑。武松自言自语道：“哪儿有什么大虫！是人自己害怕了，不敢上山。”

武松走了一程，酒力发作，热起来了，一只手提着哨棒，一只手把胸膛敞开，踉踉跄跄，奔过乱树林来。见一块光滑的大青石，武松把哨棒靠在一边，躺下来想睡一觉。忽然起了一阵狂风。那一阵风过了，只听见乱树背后扑的一声响，跳出一只吊睛白额大虫来。

（3）武松把半截哨棒丢在一边，两只手就势把大虫顶花皮揪住，往下按去。那只大虫想要挣扎，武松使尽气力按定，哪里肯放半点儿松！武松把脚往大虫面门上眼睛里只顾乱踢……武松把那只大虫一直按下黄泥坑里去。那只大虫叫武松弄得没有一些气力了。武松用左手紧紧地揪住大虫的顶花皮，空出右手来，提起铁锤般大小的拳头，使尽平生气力只顾打。打了五六十拳，那只大虫眼里，口里，鼻子里，耳朵里，都迸出鲜血来，一点儿也不能动弹了，只剩下口里喘气。

2. 描写方法

动作描写（重点）、语言描写、心理描写。

3. 问题设计

文本用了哪些人物描写方法？ 通过动作描写，武松给了你什么样的印象？你是从哪些句子或词语感受到的？你认为武松还有哪些性格特点？你是从哪里体会到的？

4. 解析作用

打虎时武松的“揪、按、乱踢、提起、只顾打”等动作，把他身手敏捷、勇敢无畏以及豪爽有力的性格行为展现得栩栩如生。在这句话中“一只手提着哨棒，一只手把胸膛敞开”，一个“提着”，一个“敞开”，把武松豪迈爽快的个性刻画得淋漓尽致。在教学中用换一换的方式，替换动词，带领学生感受用词准确的重要性。文中的语言描写和心理描写丰富了武松的人物性格：谨慎、好面子、莽撞等。语言和心理的描写推动着故事情节的发展，说明武松艺高人胆大，为打虎做了铺垫。

（二）语言描写

1. 典型文本

《晏子使楚》片段。

晏子见了楚王。楚王瞅了他一眼，冷笑一声，说："难道齐国没有人了吗？"晏子严肃地回答："这是什么话？我国首都临淄住满了人。大伙儿把袖子举起来，就是一片云；大伙儿甩一把汗，就是一阵雨；街上的行人肩膀擦着肩膀，脚尖碰着脚跟。大王怎么说齐国没有人呢？"楚王说："既然有这么多人，为什么打发你来呢？"晏子装着很为难的样子，说："您这一问，我实在不好回答。撒谎吧，怕犯了欺骗大王的罪；说实话吧，又怕大王生气。"楚王说："实话实说，我不生气。"晏子拱了拱手，说："敝国有个规矩，访问上等的国家，就派上等人去；访问下等的国家，就派下等人去。我最不中用，所以被派到这儿来了。"说着他故意笑了笑，楚王只好陪着笑。

2. 描写方法

语言描写（重点）、动作描写、神态描写。

3. 问题设计

文本用了哪些人物描写方法？通过人物对话，你对他们有什么印象？这样的语言描写好不好？为什么？

4. 解析作用

在语言描写中，只有通过引导学生反复朗读才能让学生品味语言的精妙从而了解人物形象。楚王以一问句"难道齐国没有人了吗？"发起了对晏子的刁难，楚王的两个动作"瞅"和"冷笑"为这句话奠定了轻蔑、无礼的基调。学生在阅读时可以配合动作，体现楚王的目中无人。而晏子的严肃回答让他的形象显得高大起来，在反问中开始回应楚王的无礼之问，用排比、比喻的语言轻松地应对楚王的问题。楚王接着发出第二问，机智的晏子以退为进，又把话题抛给了楚王，显得有礼有节。楚王果然上当，晏子"拱了拱手"顺势说出了原因，有力地还击了楚王的傲慢，维护了齐国的尊严。楚王的冷笑和陪笑，晏子的严肃和假装为难、故意笑，神态和动作相融合，将当时的会面场景生动地展现出来。通过楚王和晏子之间一问一答、你来我往的语言交锋，可以感受到晏子作为一个使臣，为本国的尊严所表现出来的机智和凛然正气。楚王是大国的一国之主，他蔑视弱小的齐国，反映在对小国派出的使臣那种盛气凌人的态度上，语言更加骄横、傲慢。引导学生朗读时，读出楚王和晏子两种不同的语气。

（三）心理描写

1. 典型文本

《穷人》片段。

（1）屋子里没有生炉子，又潮湿又阴冷。桑娜举起马灯，想看看病人在什么地方。首先投入眼帘的是对着门的一张床，床上仰面躺着她的女邻居。她一动不动。桑娜把马灯举得更近一些，不错，是西蒙。她头往后仰着，冰冷发青的脸上显出死的宁静，一只苍白僵硬的手像要抓住什么似的，从稻草铺上垂下来。就在这死去的母亲旁边，睡着两个很小的孩子，都是卷头发，圆脸蛋，身上盖着旧衣服，蜷缩着身子，两个浅黄头发的小脑袋紧紧地靠在一起。显然，母亲在临死的时候，拿自己的衣服盖在他们身上，还用旧头巾包住他们的小脚。孩子呼吸均匀而平静，睡得正香甜。

（2）古老的钟发哑地敲了十下，十一下……始终不见丈夫回来。桑娜沉思：丈夫不顾惜身体，冒着寒冷和风暴出去打鱼，她自己也从早到晚地干活，还只能勉强填饱肚子。孩子们没有鞋穿，不论冬夏都光着脚跑来跑去；吃的是黑面包，菜只有鱼。不过，感谢上帝，孩子们都还健康，没什么可抱怨的。桑娜倾听着风暴的声音，“他现在在哪儿？上帝啊，保佑他，救救他，开开恩吧！”她自言自语着。

她忐忑不安地想：“他会说什么呢？这是闹着玩的吗？自己的五个孩子已经够他受的了……是他来啦？……不，还没来！……为什么把他们抱过来啊？……他会揍我的！那也活该，我自作自受……嗯，揍我一顿也好！”

2. 描写方法

心理描写（重点）、肖像描写。

3. 问题设计

文本用了哪些人物描写方法？你认为心理描写在塑造桑娜人物形象时有什么作用。文中的心理描写用了一连串的问句，这样写有什么好处？省略号、问号、感叹号，在心理描写的句子中大量出现，这样使用标点符号对人物形象的塑造有什么好处?

4. 解析作用

独白式的心理描写写出了桑娜内心的焦灼不安和心理矛盾发展过程，烘托出桑娜同情穷人，心地善良，宁可自己吃苦，也要帮助别人的高贵品质。在桑娜的心理独白中，作者在描写时标点符号没有用常规的句号，而是使用感情色彩强烈的问号、感叹号，加强桑娜的那种剧烈挣扎的内心波动。省略号的使用也让读者走进了桑娜的心，赋予读者丰富的想象，让读着可以根据前后故事的情节介绍，填补心理活动的空白。因此标点符号的正确使用会给人物形象增添色彩。文中寥寥几笔的外貌描写并不是写桑娜，而是写一位病逝的母亲，两个无知的小儿，这正是穷人的真实写照，穷人的生活艰辛困顿，这一幕的发生并不是偶然。母爱的伟大让临死前的母亲给孩子盖上衣服；母爱的伟大让桑娜即使在未知丈夫是否能安全回家，自家也有五个孩子，负担沉重，日子艰辛的情况下，仍然肩负起帮邻居照顾孤儿的重任，反映出桑娜桑娜虽然是穷人，但有金子般的心。

四、课程教学设计

（一）总体思路

前置学习—重难点突破—梳理总结—运用反思。

（二）教学对象

五、六年级学生。

（三）教学课时

7课时。

（四）教学方式

自主学习（个人批注）、合作学习（小组研讨、全班交流）、探究学习（质疑研讨）、反思学习（反思总结）。

（五）教学流程

任务驱动—个人研读—集体研讨—展示分享—质疑问难—学以致用—反思总结。

（六）学习策略

学习预曝光、任务（问题）驱动、学习共同体、学习媒介。

（七）教学实施计划

◆◆ 第一部分　课程导入，课前预曝光 ◆◆

1. 学习预告

教师提前一周在班级教室的公告栏内张贴《学习预告》。

2. 学习准备

《入场券》（表1）。

3. 预学目的

激发学生兴趣，为专题学习做好心理准备，并激活学生关于本专题学习的先期知识。

学习预告：叙事性作品中人物描写方法的探究

同学们！在未来的一周里，我们将整合语文教材里的部分课文，在课堂内外展开“叙事性作品中人物描写方法的探究”专题探究学习之旅。这场旅行将经历重重困难的挑战，激荡脑力思考的极限，体验学习明悟的兴奋，收获运用自如的喜悦……

你准备好了吗？你对“叙事性作品中的人物描写方法”有多少了解？请用心填写《入场券》来接受挑战吧！

敬请期待×月×日即将开启的专题探究学习之旅。

——×老师　×月×日

表1　叙事性作品中人物描写方法的探究入场券

姓名：______日期：______

序号	问题呼唤	我的应答
1	你知道人物描写的方法有哪些？	1. ______ 2. ______ 3. ______ 4. ______ 5. ______
2	你对人物描写方法的作用有哪些了解？还有哪些疑问？请用“※”标记出你最想了解的描写方法	

续 表

序号	问题呼唤	我的应答
3	回读自己的习作，是否运用过人物描写方法？简单介绍一下，并对习作进行自我评价	用过（ ） 没用过（ ） 简单介绍：______ 自我评价：______
4	你是用什么方式完成《入场券》的？（注意标明信息来源，分享查资料的过程、方法、网站）	

第二部分 教学设计答案

第一课时

【教学任务】

重点探究学习《景阳冈》中的动作描写，对作品中的语言描写、心理描写进行整体品析。

【教学过程】

（一）谈话交流，导入专题

师：在人与人之间的交往中，对于初次接触的人，我们可以通过什么方式最快了解对方？

（自由发言后，引导学生总结：对方的谈吐、兴趣爱好、外貌等都会给人留下一定的印象。）

师：这些都会被作家应用于叙事性作品中，在作家的笔下人物的心理活动、动作描写等都能很快地为读者勾画出人物的形象，本周我们就一起深入探究叙事性作品中的人物描写方法。

（二）交流归纳，分享成果

师：课前同学们都已经做了预学报告，我们先交流一下大家对人物描写方法有哪些了解。（交流预学报告）

交流分享建议：

（1）分享自己查找的方式方法，并提供搜索源或资料刊物 。

（2）结合搜索的资料，说一说人物描写方法的作用，还有什么疑问。

（三）品读文本，探究学习

师：通过刚才我们的讨论分享，同学们已经对人物描写方法的分类和作用有了一定的认识。老舍先生曾说过：“只有描写行动，人物才能站起来。”动作描写对于塑造人物形象的重要性不言而喻。动作描写为什么这么重要？它又是怎么发挥作用的呢？让我们借助文本《景阳冈》来深入学习人物的动作描写。

1. 品析《景阳冈》

（1）学生自主阅读文段，思考以下问题：文本用了哪些人物描写方法？通过动作描写，武松给你留下什么样的印象？从哪些句子或词语体会到的？

片段：

武松听了，笑道：“我是清河县人，这条景阳冈少说也走过了一二十遭，几时听说有大虫！你别说这样的话来吓我。就有大虫，我也不怕。”店家道：“我是好意救你，你不信，进来看官府的榜文。”武松道：“就真的有虎，我也不怕。你留我在家里歇，莫不是半夜三更要谋我钱财，害我性命，却把大虫吓唬我？”店家道：“我是一片好心，你反当作恶意。你不相信我，请你自己走吧！”一面说一面摇着头，走进店里去了。

……

走到庙前，看见庙门上贴着一张榜文，上面盖着官府的印信。武松读了才知道真的有虎。武松想：“转身回酒店吧，一定会叫店家耻笑，算不得好汉，不能回去。”细想了一回，说道：“怕什么，只管上去，看看怎么样。”武松一面走，一面把毡笠儿掀在脊梁上，把哨棒插在腰间。回头一看，红日渐渐地坠下去了。

这正是十月间天气，日短夜长，天容易黑。武松自言自语道：“哪儿有什么大虫！是人自己害怕了，不敢上山。”

武松走了一程，酒力发作，热起来了，一只手提着哨棒，一只手把胸膛敞开，踉踉跄跄，奔过乱树林来。见一块光滑的大青石，武松把哨棒靠在一边，躺下来想睡一觉。忽然起了一阵狂风。那一阵风过了，只听见乱树背后扑地一声响，跳出一只吊睛白额大虫来。

……

武松把半截哨棒丢在一边，两只手就势把大虫顶花皮揪住，往下按去。那只大虫想要挣扎，武松使尽气力按定，哪里肯放半点儿松！武松把脚往大虫面门上眼睛里只顾乱踢……武松把那只大虫一直按下黄泥坑里去。那只大虫叫武松弄得没有一些气力了。武松用左手紧紧地揪住大虫的顶花皮，空出右手来，提起铁锤般大小的拳头，使尽平生气力只顾打。打了五六十拳，那只大虫眼里，口里，鼻子里，耳朵里，都迸出鲜血来，一点儿也不能动弹了，只剩下口里喘气。

（2）引导学生交流。

① 描写方法有语言描写、动作描写、心理描写，其中人物的动作描写是本文的重点描写方法。

② 引导学生品读动作描写的片段，用“______”画出描写武松动作的句子，圈出动词，进行重点品析。

店家“一面说一面摇着头，走进店里去了”和武松的“一面走，一面把毡笠儿掀在脊梁上，把哨棒插在腰间”，两个人物动作都用了“一面……一面……”的关联词，店家的边说边摇头写出了他的无可奈何；武松的边走边掀，哨棒插腰间，写出他的毫不在意、潇洒行径。

“一只手提着哨棒，一只手把胸膛敞开”，一个“提着”，一个“敞开”，把武松豪迈爽快的个性刻画得淋漓尽致。

③ 打虎时武松的“揪、按、乱踢、提起、只顾打”等动作把他身手敏捷、勇敢无畏以及那种豪爽有力的性格行为展现得栩栩如生。

（教学建议：在教学中用换一换的方式，替换动词，带领学生感受用词准确的重要性。）

④ 动作描写塑造了武松的英雄形象，而文中的语言描写和心理描写也丰富了武松的人物性格：谨慎、好面子、莽撞等。

（教学建议：带学生朗读武松和店家的对话，加上人物动作，通过读来体会人物形象。）

这些描写推动着故事情节的发展，说明武松艺高人胆大，为打虎做了铺垫。

2. 标注及批注

在学本中做好关键词句的标注及学习批注。

（四）梳理小结

略。

【作业布置】

完成《摔跤》的作业内容（表2）。

表2 《摔跤》的作业内容表

《摔跤》	1. 找出相关动词。 ______ ______ ______
	2. 你认为动词中哪个写得最妙？说说你的理由。 ______ ______
	3. 你想改动那个动词？用哪个动词替代？说说你的理由。 ______ ______

第二课时

【教学任务】

重点探究学习《晏子使楚》中的语言描写，对作品中的动作描写、神态描写进行整体品析。

【教学过程】

（一）交流作业，分享成果

（1）代表交流分享《摔跤》的作业。

（2）学生认真倾听、质疑、补充，充分表达自己的观点。

（3）教师巡堂指导，学生及时修改完善。

（二）品读文本，探究学习

师：语言是人类交流的工具，语言描写也是文章作品中常见的一种人物描写方法。有一种说法，“未见其人，只闻其声，就知其人”。马克思曾说，“语言是思想的直接现实”。因此，语言是极具个人特色和人物风格的。现在我们就借助文本《晏子使楚》，一起深入探究文本中的语言描写，体会语言的魅力，欣赏人物的风采。

1.品析《晏子使楚》

（1）学生自主阅读文段，思考以下问题：文本用了哪些人物描写方法？通过人物对话，你对他们有什么印象？这样的语言描写好不好？为什么？

片段：

晏子见了楚王。楚王瞅了他一眼，冷笑一声，说：“难道齐国没有人了吗？”晏子严肃地回答：“这是什么话？我国首都临淄住满了人。大伙儿把袖子举起来，就是一片云；大伙儿甩一把汗，就是一阵雨；街上的行人肩膀擦着肩膀，脚尖碰着脚跟。大王怎么说齐国没有人呢？”楚王说：“既然有这么多人，为什么打发你来呢？”晏子装着很为难的样子，说：“您这一问，我实在不好回答。撒谎吧，怕犯了欺骗大王的罪；说实话吧，又怕大王生气。”楚王说：“实话实说，我不生气。”晏子拱了拱手，说：“敝国有个规矩，访问上等的国家，就派上等人去；访问下等的国家，就派下等人去。我最不中用，所以被派到这儿来了。”说着他故意笑了笑，楚王只好陪着笑。

（2）引导学生交流。

① 描写方法有语言描写、动作描写、神态描写，其中人物的语言描写体现了本文的写作特色。

② 品读句子，体会语言的精妙，感受人物的性格特点。

（教学建议：楚王以一问句“难道齐国没有人了吗？”发起了对晏子的刁难，楚王的两个动作“瞅”和“冷笑”为这句话奠定了轻蔑、无礼的基调。学生在读中可以配合动作，体现楚王的目中无人。重点品读楚王的瞅、冷笑和陪笑，晏子的严肃和假装为难、故意笑，这些动作和神态下的人物对话，以及分析反问、排比、比喻等修辞手法在人物对话中的运用，体会关键词句对塑造人物形象的作用。）

③ 品析作用：通过楚王和晏子之间一问一答、你来我往的语言交锋，可以感受到晏子作为一个使臣，为本国的尊严所表现出来的机智和凛然正气。楚王是大国的一国之主，他蔑视弱小的齐国，反映为对小国派出的使臣那种盛气凌人的态度，语言更加骄横、傲慢。

（教学建议：引导学生反复朗读，代入人物角色，读出楚王和晏子的语气，增强语感，体会角色形象。）

2. 标注及批注

在学本中做好关键词句的标注及学习批注。

（三）梳理小结

略。

【作业布置】

完成《慈母情深》的作业内容（表3）。

表3 《慈母情深》的作业内容表

《慈母情深》	1. 找出相关语言描写。 ____________________ ____________________
	2. 这组语言描写的特色是什么？ ____________________ ____________________
	3. 这种语言对话的妙处你今后准备在写作中怎么运用？简单谈谈你的设想。 ____________________ ____________________

第三课时

【教学任务】

重点探究学习《穷人》中的心理描写，对作品中的肖像描写进行品析。

【教学过程】

（一）交流作业，分享成果

（1）代表分享交流《慈母情深》的作业。

（2）学生认真倾听、质疑、补充，充分表达自己的观点。

（3）教师巡堂指导，学生及时修改完善。

（二）品读文本，探究学习

师：如果说动作和语言是一个人的外显行为，那么心理活动就是一个人内心真正的思想过程。心理描写就是通过文学手段来真实地反映作品中主人公的品质或情感。这次，我们一起借助文本《穷人》深入探究作品中的心理描写。

1. 品析《穷人》

（1）学生自主阅读文段，思考以下问题：文本用了哪些人物描写方法？通过心理描写，你对桑娜有什么印象？这样的心理描写好不好？为什么？

片段：

……

屋子里没有生炉子，又潮湿又阴冷。桑娜举起马灯，想看看病人在什么地方。首先投入眼帘的是对着门的一张床，床上仰面躺着她的女邻居。她一动不动。桑娜把马灯举得更近一些，不错，是西蒙。**她头往后仰着，冰冷发青的脸上显出死的宁静，一只苍白僵硬的手像要抓住什么似的，**从稻草铺上垂下来。就在这死去的母亲旁边，睡着两个很小的孩子，**都是卷头发，圆脸蛋，身上盖着旧衣服，蜷缩着身子，两个浅黄头发的小脑袋紧紧地靠在一起。**显然，母亲在临死的时候，拿自己的衣服盖在他们身上，还用旧头巾包住他们的小脚。孩子呼吸均匀而平静，睡得正香甜。

……

古老的钟发哑地敲了十下，十一下……始终不见丈夫回来。桑娜沉思：丈夫不顾惜身体，冒着寒冷和风暴出去打鱼，她自己也从早到晚地干活，还只能勉强填饱肚子。孩子们没有鞋穿，不论冬夏都光着脚跑来跑去；吃的是黑面包，菜只有鱼。不过，感谢上帝，孩子们都还健康，没什么可抱怨的。桑娜倾听着风暴的声音，"他现在在哪儿？上帝啊，保佑他，救救他，开开恩吧！"她自言自语着。

她忐忑不安地想："他会说什么呢？这是闹着玩的吗？自己的五个孩子已经够他受的了……是他来啦？……不，还没来！……为什么把他们抱过来啊？……他会揍我的！那也活该，我自作自受……嗯，揍我一顿也好！"

（2）引导学生交流。

① 描写方法有心理描写、肖像描写，其中人物的心理描写体现了本文的写作特色。

② 品读句子，体会桑娜心理活动的矛盾过程，感受人物的性格特点。

师：作者在对人物进行心理描写时，标点符号没有用常规的句号，而是使用感情色彩强烈的问号、感叹号，这样写的好处在哪里？

（教学建议：重点从一连串标点符号的使用来引导学生走入文本情境，体会人物心情。学生在交流讨论中，领会桑娜的那种剧烈挣扎的内心波动，从而加深对桑娜形象的理解。）

师：独白式的心理描写写出了桑娜内心的焦灼不安和心理矛盾的发展过程，烘托出桑娜同情穷人，心地善良，宁可自己吃苦，也要帮助别人的高贵品质。一连串的问句让我们感受到桑娜的那种剧烈挣扎的内心波动。省略号的使用也让我们走进了桑娜的心，赋予我们丰富的想象，我们可以根据前后故事的情节介绍，填补心理活动的空白。因此标点符号的正确使用会给人物形象增添色彩。

③ 品析肖像描写的句子。

师：本文还有寥寥几笔的肖像描写，同学们都标出来了。我们通过阅读知道，文中的肖像描写并不是对桑娜的描写，这样的描写对于塑造主人公形象有什么作用呢？去掉可不可以？

母亲：冰冷发青的脸，苍白僵硬的手。

孩子：卷头发，圆脸蛋，浅黄头发的小脑袋。

（小组讨论，代表发言。）

（教学建议：引导学生理解文本中对其他人物的描写都是为塑造主人公形象而服务的，可以更加真实地反映当时的故事背景。一位病逝的母亲，两个无知的小儿，在一个夜晚生死永别，这正是穷人生活的真实写照，这一幕的发生并不是偶然。母爱的伟大让临死前的母亲给孩子盖上衣服；母爱的伟大让桑娜在未知丈夫是否能安全回家，自家也有五个孩子，负担沉重，日子艰辛的情况下，仍然肩负起帮邻居照顾孤儿的重任，反映出桑娜虽然是穷人，但有金子般的心，体现了主人公桑娜地位虽卑微，但品行却伟大的高贵人格。）

在学本中做好关键词句的标注及学习批注。

（三）梳理小结

师：我们已经深度探究了动作描写、语言描写、心理描写。通过学习，我们对于肖像描写和神态描写在人物描写中的作用也有了一定了解。通过这段时间的学习，同学们对作品中对人物描写方法的使用有什么想说的吗？

（学生自由发言，教师随机点评。）

【作业布置】

根据学习媒介表，完成研究报告（表4、表5）。

表4　写作作用

姓名：______ 日期：______

第一部分：叙事性作品中的人物描写方法及作用
第二部分：我的评价和感想
第三部分：我的应用计划（包括阅读、写作） 1. 阅读方面：运用所学方法和策略，自选一篇叙事类课外文本，对其人物描写方法进行分析解读。 2. 写作方面：运用自己最有心得的人物描写方法，构思写作的内容和思路。 （写作提示：①是否符合人物身份；②是否有利于塑造人物形象，突出人物性格；③是否对故事情节有推动作用。）

表5　写作支架

具体要求	解释说明	范例
标题	研究报告要有一个标题	叙事性作品中人物描写方法的探究专题学习优质报告
问题的提出	写出研究目的	发现学之前存在的各种问题
研究方法	写清楚研究的具体内容和研究方法	研究的内容主要是五种人物描写方法和六篇叙事类文章
研究情况和资料整理	要把研究情况整理出来	举例说明人物描写方法在叙事性作品中的作用
研究结论	要对研究结果进行分析	我的评价和感想
研究应用	研究结论在今后学习中的应用	1. 阅读方面：运用所学方法和策略，自选一篇叙事类课外文本，对人物描写方法进行分析解读。 2. 写作方面：运用自己最有心得的一种表现手法，构思写作的内容和思路或修改自己的习作

第四课时

【教学任务】

分享评议优质学习报告（学习媒介2）。（优、中、差三种类型）

【教学过程】

（一）分享评议优质学习报告

（1）评议优等学习报告一篇：作为范例，让学生知道一篇质量优等的学习报告应该怎么写。

（2）评议中等学习报告一篇：根据范例，学生找出报告中的亮点；发现不足，提出改进建议。

（3）评议较差学习报告一篇：按板块对比优差学习报告，通过直观教学，引导学生找出差距，提出改进建议。

（二）小组互议优质学习报告

小组成员对组员的学习报告进行讨论评议，教师巡堂，随机指导。

（三）梳理总结

带领学生梳理总结阶段性学习成果。

【作业布置】

学生修改完善优质学习报告。

第五课时

【教学任务】

迁移运用，品鉴作品。

【教学过程】

（一）提供学习材料，学生进行人物描写方法及作用的分析（20分钟）

片段：

名著《红楼梦》节选《"凤辣子"初见林黛玉》

一语未了，只听后院中有人笑声，说："我来迟了，不曾迎接远客！"黛玉纳罕道：这些人个个皆敛声屏气，恭肃严整如此，这来者系谁，这样放诞无礼？心下息时，只见一群媳妇丫鬟围拥着一个人，从后房门进来。这个人打扮与众姑娘不同，彩绣辉煌，恍若神妃仙子：头上戴着金丝八宝攒珠髻，绾着朝阳五凤挂珠钗；项下戴着赤金盘螭璎珞圈；裙边系着豆绿宫绦双鱼比目玫瑰佩；身上穿着缕金百蝶穿花大红洋缎窄褃袄，外罩五彩刻丝石青银鼠褂；下罩翡翠撒花洋绉裙。一双丹凤三角眼，两弯柳叶吊梢眉。身量苗条，体格风骚，粉面含春威不露，丹唇未启笑先闻。

黛玉连忙起身接见。贾母笑道："你不认得他。他是我们这里有名的一个泼皮破落户儿，南省俗谓作辣子，你只叫他'凤辣子'就是了。"……

这熙凤携着黛玉的手，上下细细地打量了一回，便送至贾母身边坐下，因笑道："天下真有这样标致的人物，我今儿才算见了。况且这通身的气派，竟不像老祖宗的外孙女儿，竟是个嫡亲的孙女。怨不得老祖宗天天口头心头，一时不忘。只可怜我这妹妹这样命苦，怎么姑妈偏就去世了。"说着，便用帕拭泪。贾母笑道："我才好了，你倒来招我。你妹妹远路才来，身子又弱，也才劝住了，快再休提前话。"这熙凤听了，忙转悲为喜道："正是呢，我一见了妹妹，一心都在他身上了，又是喜欢，又是伤心，竟忘记了老祖宗，该打该打。"又忙携黛玉之手，问："妹妹几岁了？可也上过学？现吃什么药？在这里不要想家。要什么吃的，什么玩的，只管告诉我。丫头老婆们不好了，也只管告诉我。"

1. 思考提示

文中出场了哪几个人物？她们都是怎么说、怎么做的？请在学本中标注出有关人物描写的关键词句，做好批注。阅读之后，你对这几个人物都有什么印象？请你根据文本中的人物描写方法，对人物形象进行赏析。

2. 课上练习

学生在学本上自主完成作品赏析，教师巡视指导（学习媒介4）。

（二）现场讲评，展示交流

1. 找两篇具有代表性的作业进行评价

评价标准：

五星：①能够找出作品中所有运用到的人物描写方法，并做好批注；②能够结合描写方法对人物形象进行恰当、深入的品评。

三星：①基本能够找出作品中运用到的人物描写方法，并做批注；②能够结合描写方法对人物形象进行品评，但还不够全面。

一星：①能够找出作品中一两种主要的人物描写方法，并做批注；②结合描写方法对人物形象进行品评较单一。

（教学建议：从林黛玉的心理描写对突出王熙凤形象的作用，王熙凤的语言描写、肖像描写、动作描写、神态描写对其人物形象塑造的作用，贾母的说笑在文中的作用等几方面来评价学生赏析的完成度以及对人物描写方法作用的理解程度。）

2. 根据现场作业，进行学法补充

[教学建议：教师利用换词语，如替换描写人物的动作、神态的词语，去掉一种描写方法（如把林黛玉的心理描写去了），反复进行文本朗读等教学手段，引导学生通过多种方式理解恰当地使用描写方法和准确用词会让作品中的人物形象更加鲜明，品析作品的观点也就更有独到之处。]

（三）梳理小结

学习方法和收获。

【作业布置】

修改过去的习作，要求运用恰当的人物描写方法（学习媒介4）。

第六课时

【教学任务】

师生展示、评议习作。

【教学过程】

（一）展示习作，师生评议

师导入：作品为了刻画人物形象通常会运用多种描写方法，但是什么时候用？怎么用？是不是所有描写方法都要用上，才是一篇好文章呢？我们来看一篇同学修改后的习作，看看与原文有什么不同？改得好不好？

（教学建议：第一，引导该篇习作的学生给大家讲解写作思路：想写一个怎样的人物，用了哪些人物描写方法，这样写的意图是什么，并对自己的作品进行评价。第二，大家共同评价，集思广益进行个性化修改或增减人物描写手法。第三，讨论达成共识：①人物描写的表达要符合人物身份；②人物描写对情节发展要有推动作用，不要为了描写而描写；③各类人物描写方法要分布合理，随着情节推进、内容需要、上下文的衔接灵活处理，不能生硬堆砌；④在一篇叙述性作品中，要有重点地突出的人物描写方法，形成本文的特色。）

（二）小组合作讨论，再次修改自己的习作

根据共识，小组合作学习，再次修改自己的习作。

（三）评价打分

小组派代表宣读习作片段，老师和同学共同评价打分，得分高者获胜。

评分标准：

（1）运用各种人物刻画手法，每项得1分。

（2）运用得恰到好处，达到了刻画人物作用的，每项得2分。

（3）大胆质疑问难，点评中肯者加2分，建议中肯者加3分。

学习媒介5（表6）：

表6　叙事性作品中人物描写方法运用评价得分表

作品：______作者：______

评分类别	评分项目	分值	自评	他评
人物描写方法（15分）	有动作描写	1		
	动作描写恰当	2		
	有语言描写	1		
	语言描写恰当	2		
	有外貌描写	1		
	外貌描写恰当	2		
	有心理描写	1		
	心理描写恰当	2		
	有神态描写	1		
	神态描写恰当	2		
质疑问难（5分）	点评中肯（加2分）			
	建议中肯（加3分）			
得分（20分）				
综合得分			作品等级	
评价说明： （1）综合得分为自评和他评得分之和。 （2）作品等级：A类36~40分，B类31~35分，C类26~30分				

（四）梳理小结

学习方法与收获。

【作业布置】

完成TELL成长日志。

学习媒介6：TELL成长日志。

第七课时

【教学任务】

交流TELL成长日志，总结学习成果。

【教学过程】

（1）小组内交流自己的成长日志（15分钟）。

（2）推荐组员全班汇报（10分钟）。

（3）反思总结（15分钟）。

① 分享自己的学习策略。

② 说一说：通过专题学习最大的收获是什么？

③ 谈一谈：自己的学习困惑。

（4）推荐专题课程学习之星（5分钟）。

五、附录（课程实施反思、学生作品展示）

1. 课程实施反思

（1）学情反思。

____

____

____

（2）课程设计反思（含教学设计和教学目标是否吻合）。

____

____

____

（3）教学实施反思（含成功之处、不足之处、教学灵感和再教设计等）。

____

____

____

2. 学生学习成果展示

（1）叙事性作品中人物描写方法的探究专题学习报告。

（2）学生作业展示。

小学叙事性作品中人物评价的探究

课程开发者：邓玉琳　李敏

课程实施者：邓玉琳

一、课程设计说明

《义务教育语文课程标准（2011年版）》中提出的关于小学高段（五至六年级）学生应该达到的阅读标准为：学生能够了解文章的表达顺序，体会作者的思想感情，初步领悟文章的基本表达方法。针对阅读叙事性作品则要求：能够简单描述自己印象最深刻的人物，说出自己的喜爱、憎恶、崇敬、向往、同情等感受。在现今使用的小学语文课本（部编版）中，叙事性作品占有一定的比例。而对于叙事性作品来说，饱含情感、生动鲜明的人物形象则是推动情节发展、体会作者写作意图、揭示隐藏在文章背后的深层意义的关键。因此，在阅读中我们应学会用不同的鉴赏方式体会作者塑造人物形象的良苦用心，从而对人物形象进行准确而深刻的感悟、评价，以此读懂作品。但在教学实践中，传统的线性思维模式已经严重阻碍了学生对叙事性作品中人物的多元评价，存在浅表化、标签化、单一化的现象，不能做到全面、多元评价，忽视了对复杂人性的深入挖掘，更无法培养学生的审辩式思维。

为促进学生对叙事性作品的人物评价进行深度学习，笔者把人教版、部编版小学四至六年级含有典型人物形象描写的叙事性文章进行整合，引领学生从不同角度进行客观分析和评价，使其理解人物形象的丰富性、复杂性和多维性，并能学以致用。

二、课程目标说明

1. 认知领域

（1）学生能够深度理解扁平人物和圆形人物的概念内涵。

（2）学生能够自主对叙事性作品中的人物形象进行深度解读，并能进行全面、多元评价，初步掌握审辨式思维。

2. 人际领域

（1）学生通过小组交流活动、自主展示活动、反思质疑环节，学会倾听、表达，学会接纳、尊重。

（2）学生通过分工的方式对人物形象在叙事性文章中呈现的多维性、复杂性、丰富性进行理解、研讨、评价、批判，养成合作意识，学会合作技能。

3. 自我领域

（1）学生通过自主批注学习材料，反思学习结果、填写TELL成长日志与专题学习报告等，学会学习，学会自我反思与提升，培养自信。

（2）学生通过对本课程的学习，养成好学、善思、乐于探究的学习态度和情感。

三、课程内容说明

从小学学段（四至六年级）（人教版、部编版）课文中选取四篇人物形象鲜明的叙事性作品和一篇课外经典的童话故事文本为微整合课程素材。

（一）圆形人物和扁平人物的概念内涵

一部优秀的作品，人物的设立是至关重要的，他们各有各的性格，有的性格复杂，有的性格简单。这一点英国作家爱·摩·福斯特先生在《小说面面观》中提出：性格单纯、个性简单的人物称为扁平人物，反之性格复杂、多义多变的人物称为圆形人物。这样塑造人物的作品内涵更丰富，艺术性更强，性格中的矛盾会产生足够的张力。

1. 圆形人物和扁平人物

圆形人物在叙事作品中往往都是多义与多变的人物。他们打破了好的全好、坏的全坏的简单分类，按照生活的本来面目去刻画人物形象，更真实，更能深刻揭示人性的复杂，具有一定的审美价值。这种塑造人物的方法给读者一种多侧面、立体可感的印象，往往能够带来心灵的震撼，具有千人千面的特点。

扁平人物是指人物的性格比较单一、突出、鲜明。这种方式是一种“静态”的塑造人物的方式。扁平人物虽置身于各种环境，面对各种关系，但性格始终如一。因此人物性格常常有悖于常规常情而“漫画化”和“讽刺化”，具有千人一面的特点。

2. 圆形人物和扁平人物在叙事性作品中的优势

圆形人物和扁平人物在文学创作中各有其优势：圆形人物要求作家对他们做出全方位、多侧面、多视角的艺术审视和性格刻画，其性格往往丰富、复杂，并且随环境变化不断变化，所以圆形人物不像扁平人物那样，性格可以一次完成，他们在作品中每一次出场，性格的不同侧面都会有所表现，从而给读者带来持续不断的审美新鲜感。扁平人物的好处之一是易于辨认，只要他一出现即为读者的感情之眼所察觉；还因为他们的性格固定不为环境所动，所以易为读者所记忆。因此人物性格固定化、模式化，缺少变化和深度；其所描述的人性因取材较窄，也无法反映人生真相。

简言之，圆形人物丰满复杂、立体感强，有稳定的性格轴心，同时呈现不同性格侧面、多方面、多层次的性格特征，变化复杂，具有流动感。

妇孺皆知的《西游记》中，孙悟空就是圆形人物形象，他的性格是在不断成长、不断变化的，具有流动性。刚开始大闹地府和天庭，在众人眼里这就是一只顽猴，他身上的兽性远远多过人性。后来被如来压了五百年，让他有了教训，于是他接受了护送唐僧取经的重任，只不过希望能早点完成任务然后回花果山做他的大王。这时的他遇到妖魔和坏人时，自然是痛下杀手。杀人对生性顽劣又艺高胆大的孙悟空来说简直如踩死一只蚂蚁一样不值一提。偏偏师父就是一个连蚂蚁也不会踩死的人。师徒矛盾就在“三打白骨精”中爆发。最后虽然圆满会师，但孙悟空再也不是杀人不眨眼的顽猴，变成了做事讲究方法，顾及他人感受的有情有义的性格多元的“人”。

扁平人物凸显某一特征且始终如一，稳定性强，几乎无发展变化，其他性格特征淡化。

沙僧从小说开始到结尾，一直都是一个老实本分的人，作为三师弟，他永远会听从师父、师兄的话，不会叫苦喊累。纵使经过了那么多年，经过那么多事，他始终如一。相较孙悟空，这个人物形象会单一得多，呈现一元性格为主、其他性格为辅的特点。

3. 圆形人物和扁平人物在叙事性作品中的作用

一般的叙事性作品中，这圆形人物和扁平人物往往都是缺一不可的。扁平人物能衬托圆形人物，推动故事情节发展，两种人物共同承担阐释主体的作用。

圆形人物和扁平人物性格千姿百态、特点分明，让人一目了然。因此，我们在评价叙事性作品中的人物形象时，应该引领学生从不同角度进行客观分析和评价，使其理解人物形象的丰富性、复杂性和多维性，从而更加深刻地理解作品内涵。

（二）深度解读人物形象

整合人教版、部编版小学四至六年级含有典型人物描写的叙事性文章多篇，本微课程选取以下三组经典文本进行赏析：

（1）思维广度、宽度。

（2）对人物形象凝练概括，对人物形象解读。

（3）对人物的评价和对人物形象的评价。

◆◆ 第一组赏析 ◆◆

重点阐述：从刻画人物的方法及作用入手评价人物。人物描写的方法一般包括外貌描写（肖像描写）、动作描写（行动描写）、神态描写、语言描写、心理描写。人物各种描写手法的作用：外貌、神态、动作描写可以更好地展现人物的内心世界及性格特征；语言描写可以刻画人物性格，反映人物心理，推动故事情节的发展；心理描写直接表现人物的思想和内在情感（矛盾、焦虑、担心、喜悦、兴奋等），可以表现人物的思想品质。

1. 典型文本

《小英雄雨来》（部编版教材四年级下册）和《穷人》（部编版教材六年级上册）。

2. 多元解读“雨来”人物形象

教师教学用书对“雨来”这个人物的评价是热爱祖国、机智勇敢、游泳本领高强。但这些评价不能将文学作品中艺术形象应有的丰满和生活意义体现出来，如此会导致学生缺乏应有的深度和独特的感受，导致学生对文学作品人物形象的评价单一。那我们如何引导学生全面、公正、客观地评价“雨来”这个人物形象呢？

忽然听见街上咕咚咕咚有人跑，把屋子震得好像要摇晃起来，窗户纸哗啦哗啦响。雨来一骨碌下了炕，把书塞在怀里就往外跑，刚要迈门槛，进来一个人，雨来正撞在这个人怀里。他抬头一看，是李大叔。

——《小英雄雨来》

根据上一段内容，首先指导学生勾画雨来的一系列动作，思考雨来是个怎样的孩子。通过动作对雨来这个人物进行多元化、多角度的评价，摒弃好的全好、坏的全坏的简单分类，打破线性思维的禁锢，还原一个具有儿童本性的人物形象。

3. 多元解读“渔夫”人物形象

《穷人》一课，文中对穷人的品质通过桑娜收养孤儿进行了集中反映。但如果在教学中不注意引导评价渔夫，课文的中心就要变成“桑娜”而不是“穷人”了，所以如何评价渔夫是值得关注的。渔夫在课文中出现两次，一次是侧面描写，在桑拿的心理活动中出现；另一次是与桑娜对话。因此，可以抓住这两方面对其进行评价。

桑娜脸色苍白，神情激动。她忐忑不安地想：“他会说什么呢？这是闹着玩的吗？自己的五个孩子已经够他受的了……是他来啦？……不，还没来！……为什么把他们抱过来啊？……他会揍我的！那也活该，我自作自受……嗯，揍我一顿也好！”

门吱嘎一声，仿佛有人进来了。桑娜一惊，从椅子上站起来。

“哦，是你！”桑娜站起来，不敢抬起眼睛看他。

这段是侧面描写，三个动作描写“揍我”“一惊”“不敢抬起眼睛”让我们真切感受到在窘迫的生活现状下，桑娜在等待丈夫回来的过程中所表现出的不安、犹豫与害怕，让我们对渔夫这个人物的评价是“粗鲁、暴躁”。

再读这面这段人物对话。

两个人沉默了一阵。

“你知道吗？”桑娜说，“咱们的邻居西蒙死了。”

“哦？什么时候？”

“我也不知道，大概是昨天。唉！她死得好惨哪！两个孩子都在她身边，睡着了。他们那么小……一个还不会说话，另一个刚会爬……”桑娜沉默了。

渔夫皱起眉，他的脸色变得严肃、忧虑。“嗯，是个问题。”他搔搔后脑勺说，“嗯，你看怎么办？得把他们抱过来，同死人待在一起怎么行？哦，我们，我们总能熬过去的！快去！别等他们醒来。”

但桑娜坐着一动不动。

“你怎么啦？不愿意吗？你怎么啦，桑娜？”

“你瞧，他们在这里啦。”桑娜拉开了帐子。

首先，渔夫与妻子桑娜对话之前，“两个人沉默了一阵”。两人为什么沉默？桑娜在想怎样劝说丈夫同意收养两个孤儿；渔夫在想“明天的天气会好一些吗？明天的生活该怎样挨过去？”这些问题深深困扰着他，构成他心理活动的主线，也是下面他与妻子对话的背景。

其次，要分析下面的对话。“咱们的邻居西蒙死了”，桑娜告知渔夫却也含问于其中。渔夫一个“哦”结束了沉默中的思考，意识转移到和妻子的谈话上。这个“哦”不仅表现了他的惊讶，还表现了他的关心成分。紧接着“什么时候？”得知情况后，渔夫的表情变得严肃而忧虑。第一个“嗯”表明渔夫集中精力思考一个难以解决的问题，本性告诉他要把孩子接过来，但是生活处境又不允许他这样做。第二个“嗯”标志着他犹豫之后下定的决心，但又担心妻子不同意，试探地问“你看怎么办？”面对桑娜的不回答，他就讲出了自己的想法：“得把他们抱过来，同死人待在一起怎么行？”妻子仍旧无任何表示，他就劝慰道：“哦，我们，我们总能熬过去的！”教学中建议通过让学生朗读、比较，进一步体会作者用“熬”的匠心所在：宁愿自己受苦，也要为别人解除困难的思想品质充分表现了出来，同时也道出了渔夫内心斗争的全过程。恰如其分的语言描写表达出了真情实感，读之令人感到真实可信，让我们真切感受到渔夫这个人物的丰满，这是生活的本来面目给读者一种多侧面、立体可感的印象，往往能够带来心灵的震撼，符合人性特点。

小结：在第一组文本赏析中，第一篇从人物动作去评价人物，人物的动作描写可以更好地展现人物的内心世界及性格特征。第二篇通过侧面描写人物的心理活动和对话评价人物，一是可以推动故事情节的发展，二是可以直接表现人物思想、内在情感及人物思想品质。

◆◆ 第二组赏析 ◆◆

重点阐述：评价人物可以从情节入手，据情论人。故事情节一般是通过描写人物思想性格和情感欲望的冲突以及引起的人物之间的关系、人物命运的变化来展开的。

1. 典型文本

《将相和》和《钓鱼的启示》。

2. 多元解读“廉颇”人物形象

教授《将相和》时，会侧重对蔺相如的宽容大度和廉颇的知错改错做评价，但对廉颇“嫉妒”“认识短浅”等这样的评价讲解甚少，事实上从嫉妒到负荆请罪的整个过程，廉颇这个人物的性格随环境、情节的不断发展而变化。

廉颇很不服气，他对别人说：“我廉颇攻无不克，战无不胜，立下许多大功。他蔺相如有什么能耐，就靠一张嘴，反而爬到我头上去了。我碰见他，得给他个下不了台！”

（1）读第一句话，说说廉颇是个什么样的人。“攻无不克，战无不胜”说明廉颇是个什么样的人？

（2）读第二、三句话，说说廉颇是个什么样的人？如果自己是廉颇，面对靠嘴不断升值的蔺相如，你会怎么想？

在指名读完这段话后，绝大多数学生都会联系下文蔺相如的话，对廉颇进行评价，从而得出“廉颇居功自傲、心胸狭隘、重视军事斗争、轻视外交斗争”等人物形象的结论，即好的全好、坏的全坏的简单分类。若换位思考，想象自己是廉颇，推己及人，学生就能对廉颇这个人物进行多元化、多角度的评价，会得出“廉颇有杰出功绩、有勇有谋、坦白直率、光明磊落”等人物评价，从而体会到廉颇这个人物形象随着环境变化、情节推动，性格中的矛盾产生足够的张力，让人物形象更加丰满、真实、可信，尤其是联系下文廉颇“负荆请罪”的故事。这就是审辨式思维模式培养的最佳路径，让学习成为一个探索和发现的过程，告别寻找标准答案的教育。

3. 多元解读“父亲”人物形象

教授《钓鱼的启示》时，我们通常对父亲做出“品德高尚”“以身作则”“对孩子严格要求”之类的评价，但这并不足以涵盖对父亲人物形象的多元、全面的评价。

父亲划着了一根火柴，看了看手表，这时是晚上十点，距离开放捕捞鲈鱼的时间还有两个小时。父亲盯着鲈鱼看了好一会儿，然后把目光转向了我：“孩子，你得把它放回湖里去。”

一篇文章，通过起、承、转、合的过程，基本形成文章的主题、立意。本文最吸引读者眼球、吊读者胃口的莫过于情节上的“突转”，那便是介于“钓鱼”与“放鱼”中的那一段话。结合前面的一句：“我和父亲得意地欣赏着这条漂亮的大鲈鱼，看着鱼鳃在银色的月光下轻轻翕动着。”再结合这句“欣赏”“盯着鲈鱼看了好一会儿”。一看、一盯、一转包含了父亲复杂的心理斗争，同样是喜爱，同样是欣赏，同样是不舍，这样真实的感受让读者更加信服。每个人都有欲望，面对诱惑，每个人都会心动、摇摆，但是父亲面对诱惑却表现得更为理性、更为克制。规则面前，不得不舍，所以评价父亲这个人物就有了具象化的抓手，而不再是道德高尚等拔高、放大、求全的“完人”形象，此时的父亲才更加真实、更加可信。

小结：故事情节一般是通过描写人物思想性格和情感欲望的冲突以及由此引起的人物之间的关系、人物命运的变化来展开的。在情节的展开中，通过描写人物的外貌、行为和心理状态，再现活生生的鲜明个性。因此评价人物可以从情节入手，据情论人。根据故事情节分析人物性格特征，必须注意以下四点：

第一，全面、恰当、实事求是。

第二，注意人物性格的复杂性、多重性，多角度进行分析。

第三，分清主次，把握人物主要性格特征。

第四，把握人物性格的发展变化。

◆◆ 第三组赏析 ◆◆

重点阐述：评价人物可以从整合完整的故事内容入手。

1. 典型文本

部编版教材三年级下册第44页“相信你可以读更多”，推荐了《稻草人》和《格林童话》两本书，《灰姑娘》是《格林童话》中的一篇经典篇目。

2. 多元解读“后妈”人物形象

一提到后妈就是一副坏人模样？《灰姑娘》中灰姑娘的后妈几乎是所有儿童阅读者心目中的一个“坏人”形象，再加上媒体的报道，“后妈很恶毒”这种表述在大众认知中逐渐固定下来，但这是对人本质力量的扭曲和否定，会导致学生缺乏对人物评价应有的深度和独特的感受，导致学生对文学作品中人物形象的理解单一，形成线性思维模式。

通过整合故事内容后，再对“后妈”这个人物进行多元化、多角度的评价，我们会发现灰姑娘的后妈是个“还不能够像爱自己的孩子一样去爱其他孩子”的人物形象。我们要深入理解人物形象的丰富性、复杂性、多维性，摒弃好的全好、坏的全坏的线性思维模式。

小结：叙事性作品中的人物是作者通过对生活的参照、艺术加工变成文学作品的艺术形象的，具有一定的复杂性，就像现实生活中的人具有多面性。因此，在评价人物形象时，我们应该考虑到完整的故事内容所展现的人物的多面性。这同样也是审辨式思维模式培养的最佳路径，我们应尽量引导学生质疑一些熟视无睹、习以为常的东西，许多在生活中似乎是“理所当然”的命题，其实经不住追问。

四、课程教学设计

（一）教学对象

六年级学生。

（二）教学课时

6课时。

（三）教学方式

自主学习（个人批注）、合作学习（小组研讨、全班交流）、探究学习（质疑研讨）、反思学习（反思总结）。

（四）教学流程

个人批注—展示分享—集体研讨—质疑问难—反思总结—学以致用。

（五）学习策略

学习预曝光、任务（问题）驱动、学习共同体、学习媒介。

（六）教学实施计划

第一部分　课程导入，课前预曝光

1. 做法

教师提前一周在班级教室的布告栏内张贴《学习预告》和《入场券》（表1）。

2. 目的

激发学生好奇和期待的心理，为专题学习做好心理准备，并激活学生关于专题学习的有关先期知识。

学习预告：叙事性作品中人物评价的探究

同学们！在未来的一周里，我们将整合语文教材里的部分课文，在课堂内外展开“叙事性作品中人物评价的探究”专题学习之旅。这场旅行将经历重重诱惑和挑战，触发脑力激荡的思考极限，体验令人欢欣鼓舞的兴奋和领悟，收获运用自如的成功与自豪……

你准备好了吗？你对“叙事性作品中人物评价”有多少了解？请用心填写《入场券》来接受挑战吧！

敬请期待×月×日即将开启的专题探究学习之旅。

——×老师　×月×日

表1 叙事性作品中人物评价的探究入场券

姓名：______日期：______

序号	问题呼唤	你的应答
1	你对“叙事性作品中人物评价”有哪些了解？（可分点概述）	1. ________2. ________
2	你对“叙事性作品中人物评价”存在哪些疑问？请用“※”标记出你最想了解的一点	
3	回读自己的叙事习作，看看对人物形象塑造是否满意，说说理由	满意（ ）不满意（ ） 还行（ ） 理由：
4	分享一段你搜索到的关于“叙事性作品中人物评价”的信息。（注意标明信息来源）	

第二部分 教学设计简案

第一课时

【教学准备】

（1）录制微课或者准备圆形人物和扁平人物知识点的PPT内容，微课脚本和PPT内容请参照课程内容简析。

（2）回顾微课程“叙事性作品中人物描写手法的探究”课程内容。

（3）阅读《语文深度学习学生用书》中《小英雄雨来》和《穷人》两篇学习材料，留意描写人物外貌、语言、动作、表情、心理等的句子，并用文字标识出来，同时旁批人物评价。

【教学目标】

（1）学习圆形人物和扁平人物的知识点内容。

（2）通过对两篇文章中典型人物的分析思考，学生能对人物进行简单评价。

【教学过程】

（一）小组讨论，进行课前学习内容的交流，再展示分享

（1）分享交流《入场券》内容，交换意见。

（2）指名发言，交流两篇文章的人物评价内容。要求陈述的时候先说观点（人物评价）再说事实（从文中找出依据，这个依据可以是描写人物外貌、语

言、动作、表情、心理等的句子），即观点+事实。

（3）观看微课或者讲解知识点内容。

（二）集体讨论

（1）思考：针对微课内容，看看自己的课前学习内容，说说你对人物评价有什么新的认识。

（2）交流分享，教师归纳总结：叙事性作品中的人物承载了丰富的内涵，只有对其进行充分深刻的认知，才能更好地把握整个作品，获得更有益的阅读体会，使阅读的意义得到真正体现，同时也可以培养自己独立自主探究叙事性作品艺术性的能力，从而使语文素养得到全面、有效的提升。

【作业布置】

完成学习媒介1“人物评价批注表”部分。

第二课时

【教学准备】

作业学习媒介1“人物评价批注表”部分。

【教学目标】

通过对人物进行多元化、多角度的评价，深刻理解人物形象的丰富性、复杂性、多维性，领会圆形人物的独特魅力。

【教学过程】

（一）组内讨论、交流、质疑

交流分享建议：结合“人物评价批注表”部分，分享自己的作业，及时用红笔记录自己在交流分享中的收获。

说说对人物评价的思考、建议或者疑问。

（二）人物评价的探究

1. 文本《小英雄雨来》中“雨来”人物形象

（1）疑问导入。

当看到“英雄”这个词语时，你脑海中会出现哪些词语来描绘英雄这个人物？

教师随机板书：视死如归、奋不顾身、临危不惧、正气凛然、光明磊落、一马当先、赴汤蹈火、无所畏惧、气吞山河、顶天立地……

（2）集体交流，突破重难点。

①《小英雄雨来》中雨来这个小英雄，你会用哪些词语来描绘？

教师随机板书：热爱祖国、机智勇敢、游泳本领高强。

②思考：雨来是你们的同龄人，你能在他身上能找到自己的影子吗？请你再来说说雨来是个怎样的孩子。

③指名读这段话，其余学生勾画出描写雨来动作的词语，师生讨论发言。

> 忽然听见街上咕咚咕咚有人跑，把屋子震得好像要摇晃起来，窗户纸哗啦哗啦响。雨来一骨碌下了炕，把书塞在怀里就往外跑，刚要迈门槛，进来一个人，雨来正撞在这个人怀里。他抬头一看，是李大叔。
>
> ——《小英雄雨来》

师：文中用了哪些动词描写雨来一连串的动作呢？

生（纷纷回答）：下、塞、跑、迈、撞、抬、看。

师：从这一连串的动作中，你能看出雨来是个什么样的小孩吗？

生：他是个动作敏捷、头脑机灵的小孩。

师：听到外面有声音，雨来一骨碌就下了炕，动作多么敏捷呀。往外跑的时候，他一头撞在李大叔的怀里，这说明他行动的速度非常快，否则，撞不上。但是，从一连串的动作描写中，我们还能了解雨来的一个缺点。他速度快，但是，有点快得过分了……

生：鲁莽！

师：对呀！你是怎么看出鲁莽的呢？

生：我是从“撞”这个词上看出来的。如果来的是日本鬼子，而不是李大叔，他撞在鬼子的怀里，那他就完蛋了。

师：说得有道理。我们在影视剧中见到过，日本鬼子要进屋的时候都要端着刺刀，害怕里面有人。如果雨来以百米冲刺的速度冲出来，就不是撞在谁的怀里了，而是撞在日本鬼子的刺刀上了，那就成了真正的“冲刺”了。

生：我发现他把书塞在怀里，是不安全的，日本鬼子一搜身，就能搜出来。

生：我觉得他不应该先往外跑，应该先透过窗户或者门缝观察一下外面的情况。

师：你们可真聪明！那时候的窗户不是玻璃的，是糊的窗户纸，雨来应该把窗户纸捅个窟窿，往外瞧。雨来毕竟是芦花村里十二岁的儿童，他还不够成熟。这正是这篇课文的精彩之处，人物刻画得生动、可信，既有优点，也有缺点的雨来，才是一个具有儿童本性的人物。这一切，都是通过几个传神的动词表现出来的。

（3）教师小结。

以上通过动作对雨来这个人物进行多元化、多角度的评价，摒弃好的全好、坏的全坏的简单分类，按照生活的本来面目给读者一种多侧面、立体可感的印象，往往能够带来心灵的震撼。

2. 文本《穷人》中“渔夫”人物形象

（1）谈话指导。

桑娜这个人物形象我们都已经了解，下面请同学们运用所学知识评价渔夫这个人物形象。

（2）集体交流，突破重难点。

① 出示这两段内容。说说你对渔夫这个人物形象的评价。

> 桑娜脸色苍白，神情激动。她忐忑不安地想：“他会说什么呢？这是闹着玩的吗？自己的五个孩子已经够他受的了……是他来啦？……不，还没来！……为什么把他们抱过来啊？……他会揍我的！那也活该，我自作自受……嗯，揍我一顿也好！”
>
> 门吱嘎一声，仿佛有人进来了。桑娜一惊，从椅子上站起来。
>
> “哦，是你！”桑娜站起来，不敢抬起眼睛看他。

师：这段内容没有直接写渔夫是一个怎样的人，但是从桑娜的心理活动中，我们可以看出渔夫是一个怎样的人？

生：粗鲁、暴躁。

师：你从哪里看出来的？

生：我是从三个动作描写“揍我”“一惊”“不敢抬起眼睛”看出来的，我感受到桑娜的不安、犹豫与害怕，因为渔夫回来后会揍桑娜，这太可怕了。

师：通过你的分析，我们对渔夫这个人物有了“粗鲁、暴躁”的评价。下面我们来读读这段话。

② 再读这段人物对话，说说你对渔夫这个人物形象的评价。

两个人沉默了一阵。

“你知道吗？”桑娜说，“咱们的邻居西蒙死了。”

“哦？什么时候？”

“我也不知道，大概是昨天。唉！她死得好惨哪！两个孩子都在她身边，睡着了。他们那么小……一个还不会说话，另一个刚会爬……”桑娜沉默了。

渔夫皱起眉，他的脸色变得严肃、忧虑。“嗯，是个问题。”他搔搔后脑勺说：“嗯，你看怎么办？得把他们抱过来，同死人待在一起怎么行？哦，我们，我们总能熬过去的！快去！别等他们醒来。”

但桑娜坐着一动不动。

“你怎么啦？不愿意吗？你怎么啦，桑娜？”

“你瞧，他们在这里啦。”桑娜拉开了帐子。

师：孩子们，两个人沉默了一阵，这是为什么呢？

生：他们俩各自想的都不一样，桑娜在想怎样劝说丈夫同意收养两个孤儿，因为他们太可怜了；渔夫在想明天的天气会好一些吗，明天可以多打点鱼吗，生活该怎样挨过去。

师：是啊，沉默之后，桑娜首先开口了，“咱们的邻居西蒙死了”。渔夫一个“哦”结束了沉默中的思考。从这个“哦”，你体会到了什么？

生：我体会到了渔夫的惊讶，也感到渔夫有关心的成分。因为渔夫紧接着问什么时候发生的事情。

师：是啊，得知情况后，渔夫的表情变得严肃而忧虑，连续两个“嗯”说明了什么？

生：第一个“嗯”表明渔夫在集中精力思考一个难以解决的问题，本性告诉他要把孩子接过来，但是生活处境又不允许他这样做。第二个“嗯”标志着他犹豫之后下定的决心，但又担心妻子不同意，试探地问“你看怎么办？”紧接着，他就讲出了自己的想法，“得把他们抱过来，同死人待在一起怎么行？”妻子仍旧无任何表示，他就劝慰道“哦，我们，我们总能熬过去的！”

师：这里有一个字用得非常妙，体现了作者的匠心所在。

生：熬。

师：我们来读读这三个句子，仔细领会“熬”的精妙。

（1）我们总能挨过去的！

（2）我们总能挺过去的！

（3）我们总能熬过去的！

生：我体会到了渔夫内心斗争的全过程，接回来吧，条件不允许；不接回来吧，那两个孩子必死无疑。“熬”表明了渔夫宁愿自己受苦，也要为别人解决困难。

师：前面渔夫给我们的印象是粗鲁、暴躁，与这里的评价是不是相矛盾呢？

生：不矛盾。渔夫终年奔波劳碌，挑起了养活一家七口的重担，贫穷和劳累压得他喘不过气来，使他变得有点粗鲁、暴躁，但他的心地同样正直善良，把关心帮助与自己命运相同的穷苦人当作自己义不容辞的责任。

师：通过对渔夫这个人物进行评价，我们深刻理解了圆形人物的特点，作家在塑造人物时，对他们做出全方位、多侧面、多视角的艺术审视和性格刻画，他们的性格随环境的变化不断变化。渔夫平时因生活的重担变得粗鲁、暴躁，但在面对这两个孤儿时又表现出正直善良，所以渔夫的人物形象呈现出丰富性、复杂性的特点，这样的人物塑造往往能够给读者带来心灵的震撼。

（3）教师小结。

这节课我们从刻画人物的方法及作用入手去评价人物。雨来这个人物形象我们通过对雨来的动作描写进行评价，渔夫是通过侧面描写中的心理活动和正面描写中的语言描写进行评价。他们都是圆形人物形象，雨来的鲁莽是儿童的本性；对渔夫鲁莽、暴躁和激烈思想斗争后所做决定的描述，使得渔夫这个人物形象更为生动，从而为全文增添了更加鲜明的艺术魅力。

【作业布置】

（1）完成学习媒介1“人物评价批注表”（表2）中《小英雄雨来》《穷人》的“再补充”作业内容。

表2　人物评价批注表

文章名称及人物	摘抄的句段（可标段号）	人物刻画手法（肖像、语言等）	人物评价	人物评价的再补充
《小英雄雨来》中的雨来				
《穷人》中的渔夫				
《将相和》中的廉颇				
《钓鱼的启示》中的父亲				
《灰姑娘》中的后妈				

（2）完成《将相和》《钓鱼的启示》《灰姑娘》的前三列内容。

第三课时

【教学准备】

作业学习媒介1《人物评价批注表》。

【教学目标】

通过对人物进行多元化、多角度的评价，深刻理解人物形象的丰富性、复杂性、多维性，培养审辨式思维能力。

【教学过程】

（一）组内讨论、交流、质疑

（1）交流分享建议：结合“人物评价批注表”，分享自己的作业，及时用红笔记录自己在交流分享中的收获。

（2）说说对人物评价的思考或者建议、疑问。

（二）人物评价的探究

1. 文本《将相和》中“廉颇”人物形象

（1）谈话导入。

《将相和》中蔺相如这个人物形象我们都已经了解，下面请同学们运用所学知识评价廉颇这个人物。

（2）集体交流，突破重难点。

① 出示这段内容：

廉颇很不服气，他对别人说：“我廉颇攻无不克，战无不胜，立下许多大功。他蔺相如有什么能耐，就靠一张嘴，反而爬到我头上去了。我碰见他，得给他个下不了台！”

师：读读这段话，说说廉颇是个怎样的人？

生：廉颇是个居功自傲、心胸狭隘的人。

师：是啊，廉颇可是“攻无不克，战无不胜”的人啊。如果你是廉颇的好友，面对“攻无不克，战无不胜”的廉颇，你会如何评价他？

生：有杰出功绩、有勇有谋，否则不可能攻无不克，战无不胜。

师：是的，战场上不是动动嘴就能赢的，是要真枪实弹打出来的。我们再回看下故事情节，秦王始终没有占到任何便宜，是因为朝堂上有蔺相如，边境有廉颇守着。这说明一个国家除了要有武将，还要有外交官。你们看第二句，说明廉颇是个什么样的人？

生：是个重视军事斗争、轻视外交斗争的人。

生：认识短浅，没有大局观。

生：拿自己的长处和别人的短处去比。

师：大家讨论得非常好。我们换位思考下，如果你是廉颇，你会如何面对动动嘴就不断升职的蔺相如？

生：估计我也会像廉颇一样不服气，正如廉颇所说，他蔺相如动动嘴就爬到我头上，真是不能忍受。

师：是啊，你可是一个攻无不克、战无不胜的大将军了，不舒服就要说出来，不满就要说出来，说说你是一个什么样的人。

生：我觉得我是一个坦白直率、光明磊落的人。

生：不藏着、不掖着，有话就说。

师：换位思考后，我们发现对廉颇这个人物的评价也发生了变化。

② 出示这段内容：

蔺相如的话传到了廉颇的耳朵里。廉颇静下心来想了想，觉得自己为了争一口气，就不顾国家的利益，真不应该。于是，他脱下战袍，背上荆条，到蔺相如门上请罪。蔺相如见廉颇来负荆请罪，连忙热情地出来迎接。从此以后，他们俩成了好朋友，同心协力保卫赵国。

师：读读这段话，说说廉颇是个怎样的人？

生：我认为廉颇是个善于反思、能听劝的人。

生：我认为廉颇是个不认死理的人，别人说得对就听，不是个胡搅蛮缠的人。

生：我觉得廉颇是个知错就改的人，错就是错，对就是对，错了就负荆请罪，我很欣赏他，大丈夫也。人无恒过，错而改之。

师：大家看，我们对廉颇这个人物进行评价的过程实际上就是不断探索、不断发现的过程。随着我们讨论的深入，廉颇这个人物形象不断变化，同时呈现不同性格侧面、多方面、多层次的性格特征，这就是圆形人物的特点，性格不能一次定义，他们在作品中每一次出场，性格的不同侧面都会有所表现，从而给读者带来持续不断的审美新鲜感，这样人物形象就会更加丰满、真实。

（3）教师小结。

在进行人物评价时，我们采用的是换位思考的方式，即想象自己就是廉颇，推己及人，就能对廉颇这个人物形象做出全方位、多侧面、多视角的艺术审视，从而体会到廉颇这个人物性格矛盾产生的张力。圆形人物形象给读者一种多侧面、立体可感的印象，往往能够带来心灵的震撼。这就是审辨式思维模式培养的最佳路径，让学习成为一个探索和发现的过程，告别寻找标准答案的教育。

2. 文本《钓鱼的启示》中“父亲”人物形象

（1）指名读一段话，说说我的父亲是个什么样的人。

> 父亲划着了一根火柴，看了看手表，这时是晚上十点，距离开放捕捞鲈鱼的时间还有两个小时。父亲盯着鲈鱼看了好一会儿，然后把目光转向了我：“孩子，你得把它放回湖里去。”

（2）学生发言讨论，教师随机补充。

师：这是介于“钓鱼”与“放鱼”中的一段话，从哪里可以看出父亲的矛盾心理？

生：我结合前面一句，“我和父亲得意地欣赏着这条漂亮的大鲈鱼，看着鱼鳃在银色的月光下轻轻翕动着”，通过“欣赏、漂亮”“盯着鲈鱼看了好一会儿”这些语句，我感受到了父亲对这条大鲈鱼的喜爱之情。

师：我赞同，父亲是真心喜欢，那就留着吧。

生：父亲没有留下，一看、一盯、一转让我感受到了父亲复杂的心理斗争，难啊！

生：多漂亮的一条大鲈鱼啊，这可是少见的，只可惜不在钓鱼时间之内。

唉，真是为难啊！

师：是啊，每个人都有欲望，面对诱惑，每个人都会心动、摇摆，但是父亲面对诱惑却表现得更为理性、更为克制。规则面前，不得不舍，这样真实的感受让每个读者都更加信服。所以评价父亲这个人物就有了具象化的抓手，而不再是道德高尚等拔高、放大、求全的“完人”形象，此时父亲这个人物才更加丰满、更加可信。

（3）教师小结。

故事情节一般是通过描写人物思想性格和情感欲望的冲突以及由此引起的人物之间的关系、人物命运的变化来展开的。在情节的展开中，通过描写人物的外貌、行为和心理状态，再现活生生的鲜明个性。因此评价人物可以从情节入手，据情论人。

3. 文本《灰姑娘》中“后妈”人物形象

（1）疑问导入。

当看到“后妈”这个词语时，你脑海中会出现哪些词语？

（2）集体交流，突破重难点。

这节课我们将全面、公正、客观地评价“后妈”这个人物形象。请大家思考：

① 这个故事中，灰姑娘的后妈是个什么样的人？从哪里看出来了？

②《灰姑娘》中，灰姑娘的后妈是如何对待自己的孩子的？

③ 如果你是灰姑娘的后妈，你会不会阻止灰姑娘去参加王子的舞会？为什么？

4. 教学实录（供参考）

……

师：如果你是灰姑娘的后妈，你会不会阻止灰姑娘去参加王子的舞会？一定要诚实哟！

学生：是的，如果我是灰姑娘的后妈，我也会阻止她去参加王子的舞会。

老师：为什么？

学生：因为我爱自己的女儿，我希望自己的女儿当上王后。

老师：是的，所以，我们看到的后妈好像都是不好的人，她们只是对别人不够好，可是她们对自己的孩子却很好。你们明白了吗？她们不是坏人，只是她们还不能够像爱自己的孩子一样去爱其他孩子。

教师小结：后妈这个人物形象我们是从整合故事内容入手进行评价的。通过这部分的学习，我们发现一些熟视无睹、习以为常的东西，许多在生活中似乎是“理所当然”的命题，其实是经不住追问的，就如后妈这个人物形象，我们还可以将思考的结果应用于解决实际问题中。

【作业布置】

完成学习媒介1“再补充”作业内容。

第四课时

【教学准备】

学习媒介1的“再补充”内容。

【教学目标】

通过撰写专题学习研究报告，学生能够结合案例进行自我总结、自主反思，并能在后续的读、写、说方面进行应用。

【教学过程】

（一）学习媒介1的小组讨论、全班分享

师生共同倾听、讨论、质疑、补充。

（二）了解写作内容

学习媒介2（表3～表5）：

表3 写作内容

姓名：______日期：______

第一部分：从老师或自己找的材料中针对叙事性作品中的人物评价探究方法各选一种进行赏析、阐述
第二部分：我的评价和感想
第三部分：我的应用计划（包括阅读、写作和表演） 1. 阅读方面：运用所学方法和策略，自选一篇叙事性作品，对其人物形象评价进行探究解读。 2. 写作方面：运用自己最有心得的一种探究手法，构思写作的内容和思路。 3. 表演方面：选择自己喜欢的叙事作品的人物形象评价以小组形式进行角色互换演绎

表4 写作支架

具体要求	解释说明	具体指导
标题	研究报告要有一个标题	叙事性作品中人物形象评价专题学习优质报告
问题的提出	写出研究目的	发现学之前存在的各种问题，现在要解决它
研究方法	写清楚研究的具体内容和研究方法	确定2~3篇叙事性作品中的人物进行评价
研究情况和资料整理	要把研究情况整理出来	举2~3个例子，具体说说自己对评价人物前后对比认识

续 表

具体要求	解释说明	具体指导
研究结论	要对研究结果进行分析	我的评价和感想
研究应用	研究结论在今后学习中的应用	1. 阅读方面：运用所学方法和策略，自选一篇叙事类课外文本，对其表现手法进行分析解读。（课内课外均可） 2. 写作方面：构思写作的内容和思路或修改自己习作

表5　借助《语文深度学习学生用书》媒介4完成写作

	题目
	作者、班级
在学习本课程之前，我在评价人物这块是	学习之前存在的问题
现在有了新认识	
最近一周，我们学习了叙事类作品中的人物形象评价，下面我从《　　》《　　》《　　》具体说一说吧	课内外、学过没学过均可
一、以《　　》为例进行人物评价	具体说说自己对评价人物前后对比认识，详细写评价人物的依据
二、以《　　》为例进行人物评价	
三、以《　　》为例进行人物评价	
这样的学习： 此次探究我有不小的收获：	我的评价和感想
学完这个微课程后，我想到了一篇文章《　　》，下面我运用所学对这篇文章的人物形象进行评价	我的应用： 1. 阅读方面：以课内外叙事性作品人物来评价。 2. 构思写作内容中的人物塑造思路或修改自己习作
这样的人物塑造方法我要用到自己的写作中，比如	
	结尾

【作业布置】

（1）学习报告未完成者继续完成。

（2）修改自己一篇写人习作。

第五课时

【教学准备】

学习媒介2内容。

【教学目标】

（1）师生对学习媒介2的学习情况进行分享、讨论、交流。

（2）完成学习媒介3，学以致用。

【教学过程】

（一）学习媒介2的小组讨论、全班分享

师生共同倾听、讨论、质疑、补充。

（二）完成学习媒介3，对两篇课外短文进行品析

散落的钞票

（北师大教材四年级上册第十单元）

国庆长假的一天，我和立明去逛书店。中午出来准备乘地铁回家。我有点饿了，看到旁边有家麦当劳店，就想拉立明进去，立明推开我说：“太贵了。吃一次至少要花八元呀！咱们不是想攒钱合买全套《丁丁历险记》吗？”我想起立明家里生活困难，也就不再坚持。

节日的地铁站里非常热闹。拎着礼品的，捧着鲜花的，抱着孩子的，扶着老人的……人来人往，个个喜气洋洋。列车进站了，可是要上车的人太多了，我们没能挤上去。

忽然立明嚷起来：“钱！钱！”几乎同时，好几个人也喊起来。顺着立明手指的方向看去，我发现许多粉红色的钞票正从一个车门口散落下来。只见一个外地出差模样的人正在奋力往车门里挤——帽子挤歪了，手包拉链开了，几十张百元钞票散落出来。当他在人们的喊声中发觉时，列车自动门已经合拢。他拍打车门大喊大叫，可是列车已经启动、加速，转

眼间呼啸而去。

站台上乱起来了，人们追逐着飘落的钱。一个女服务员过来大声喊："把钱交给我！请把钱交给我！"我捡到一张，交给服务员。立明手疾眼快，捡了三张，也交给了服务员。一时间，老人、孩子、青年、妇女、解放军战士，人们纷纷把捡起的钱交到她手中。

我正在左右搜寻，立明对我努努嘴——只见不远处站着一个穿夹克衫的壮汉，一脸木然，好像根本不知道发生的事。再看脚下，哦，鞋跟处露出了粉色的钱边儿，原来他的脚底下踩着钱！这可怎么办呢？如果指出来，这人会不会打我们？立明却好像没想这些，他走到那个人面前说："叔叔，您好！您脚底下好像还踩着钱呢！"那壮汉一脸尴尬，支吾着："是吗？我怎么没……"在众目睽睽下，他挪开脚，把钱捡起来，交给走过来的服务员。

隆、隆、隆隆——对面的列车进站了。那个外地人焦急地向这边站台跑来。服务员迎上去，把一沓百元钞票交到他手里，说："数数，看少没少。"那人接过钱来数，手都在发抖。有人问："你一共带了多少钱？"那人顾不上回答，又数了一遍，松了口气说："只少了两张！""唔——"众人发出遗憾的感叹。但不一会儿，人们又高兴起来，原来有人发现那两张钱在铁轨下躺着呢！那人千恩万谢，抽出二百元钱往服务员手里塞，带着浓重的西北口音反复表示谢意。服务员笑着拒绝了，说："要谢的是大家，我也要谢谢大家拾金不昧，特别是这两位小朋友。"受到夸奖，立明反倒不好意思起来，拉着我迅速登上刚到的列车。

从地铁站出来，外面蓝天白云，秋高气爽。建筑物上的国旗迎风飘扬，马路边的鲜花分外明丽。我和立明都特别高兴，真的，比买了全套《丁丁历险记》又吃了麦当劳还高兴。

简析：《散落的钞票》主要写了国庆期间在一个地铁站，众人捡拾散落的钞票并物归原主的故事，赞美了人们拾金不昧的品质，歌颂了在金钱的诱惑面前重义轻利的道德风尚，也从侧面谴责了见利忘义的行为。

问题设计：

（1）本文有两个主要人物，“我”和立明，请评价“我”这个人物形象。

（2）读第五段，思考“这可怎么办呢？如果指出来，这人会不会打我们？”由此说明“我”是个胆小鬼，这样的人物评价你是否赞同？请陈述理由。

景阳冈

（部编版教材五年级下册第6课）

武松在路上行了几日，来到阳谷县地面。此去离县治还远。当日晌午时分，走得肚中饥渴，望见前面有一家酒店，挑着一面旗，上头写着五个字：“三碗不过冈。”武松走进店里坐下，把哨棒靠在一边，叫道：“主人家，快拿酒来吃。”只见店家拿了三只碗，一双筷子，一盘熟菜，放在武松面前，满满筛了一碗酒。武松拿起碗来一饮而尽，叫道：“这酒真有气力！主人家，有饱肚的拿些来吃。”店家道：“只有熟牛肉。”武松道：“好的切二三斤来。”店家切了二斤熟牛肉，装了一大盘子，拿来放在武松面前，再筛一碗酒。武松吃了道：“好酒！”店家又筛了一碗。

恰好吃了三碗酒，店家再也不来筛了。武松敲着桌子叫道：“店家，怎么不来筛酒？”店家道：“客官，要肉就添来。”武松道：“酒也要，肉也再切些来。”店家道：“肉就添来，酒却不添了。”武松道：“这可奇怪了！你为何不肯卖酒给我吃？”店家道：“客官，你应该看见，我门前旗上明明写着‘三碗不过冈’。”武松道：“怎么叫作‘三碗不过冈’？”店家道：“我家的酒虽然是村里的酒，可是比得上老酒的滋味。但凡客人来我店中，吃了三碗的，就醉了，过不得前面的山冈去。因此叫作‘三碗不过冈’。过往客人都知道，只吃三碗，就不再问。”武松笑道：“原来这样。我吃了三碗，如何不醉？”店家道：“我这酒叫作‘透瓶香’，又叫作‘出门倒’，初入口时只觉得好吃，一会儿就醉倒了。”武松从身边拿出些银子来，叫道：“别胡说！难道不付你钱！再筛三碗来！”

店家无奈，只好又给武松筛酒。武松前后共吃了十八碗。吃完了，提着哨棒就走。店家赶出来叫道：“客官哪里去？”武松站住了问道：“叫我做什么，我又不少你酒钱！”店家叫道：“我是好意，你回来看看这抄下来的官府的榜文。”武松道：“什么榜文？”店家道：“如今前面景阳冈上有只吊睛白额大虫，天晚了出来伤人，已经伤了三二十条路人性命。官府限期叫猎户去捉。冈下路口都有榜文，教往来客人结伙成对趁午间过冈，其余时候不许过冈。单身客人一定要结伴才能过冈。这时候天快晚了，你还过冈，岂不白白送了自家性命？不如就在我家歇了，等明日凑了三二十人，一齐好过冈。”武松听了，笑道：“我是清河县人，这条景阳冈少说也走过了一二十遭，几时听说有大虫！你别说这样的话来吓我。就有大虫，我也不怕。”店家道：“我是好意救你，你不信，进来看官府的榜文。”武松道：“就真的有虎，我也不怕。你留我在家里歇，莫不是半夜三更来谋我钱财，害我性命，却把大虫吓唬我？”店家道：“我是一片好心，你反当作恶意。你不相信我，请你自己走吧！”一面说一面摇着头，走进店里去了。

武松提了哨棒，大踏步走上景阳冈来。大约走了四五里路，来到冈下，看见一棵大树，树干上刮去了皮，一片白，上面写着两行字。武松抬头看时，上面写道：“近因景阳冈大虫伤人，但有过往客商，可趁午间结伙过冈，请勿自误。”武松看了，笑道：“这是店家的诡计，吓唬那些胆小的人到他家里去歇。我怕什么！”武松拖着哨棒走上冈来。这时天快晚了，一轮红日慢慢地落下山去。

武松趁着酒兴，只管走上冈来。不到半里路，看见一座破烂的山神庙。走到庙前，看见庙门上贴着一张榜文，上面盖着官府的印信。武松读了才知道真的有虎。武松想：“转身回酒店吧，一定会叫店家耻笑，算不得好汉，不能回去。”细想了一回，说道：“怕什么，只管上去，看看怎么样。”武松一面走，一面把毡笠儿掀在脊梁上，把哨棒插在腰间。回头一看，红日渐渐地坠下去了。

这正是十月间天气，日短夜长，天容易黑。武松自言自语道：“哪儿有什么大虫！是人自己害怕了，不敢上山。”

武松走了一程，酒力发作，热起来了，一只手提着哨棒，一只手把胸膛敞开，踉踉跄跄，奔过乱树林来。见一块光滑的大青石，武松把哨棒靠在一边，躺下来想睡一觉。忽然起了一阵狂风。那一阵风过了，只听见乱树背后扑地一声响，跳出一只吊睛白额大虫来。

武松见了，叫声“啊呀！”从青石上翻身下来，把哨棒拿在手里，闪在青石旁边。那只大虫又饥又渴，把两只前爪在地下按了一按，望上一扑，从半空里蹿下来。武松吃那一惊，酒都变作冷汗出了。说时迟，那时快，武松见大虫扑来，一闪，闪在大虫背后。大虫背后看人最难，就把前爪搭在地下，把腰胯一掀。武松一闪，又闪在一边。大虫见掀他不着，吼一声，就像半天起了个霹雳，震得那山冈也动了。接着把铁棒似的虎尾倒竖起来一剪。武松一闪，又闪在一边。

原来大虫抓人，只是一扑，一掀，一剪，三般都抓不着，劲儿先就泄了一半。那只大虫剪不着，再吼了一声，一兜兜回来。武松见大虫翻身回来，就双手抡起哨棒，使尽平生气力，从半空劈下来。只听见一声响，簌地把那树连枝带叶打下来。定睛一看，一棒劈不着大虫，原来打急了，却打在树上，把那条哨棒折做两截，只拿着一半在手里。

那只大虫咆哮着，发起性来，翻身又扑过来。武松又一跳，退了十步远。那只大虫恰好把两只前爪搭在武松面前。武松把半截哨棒丢在一边，两只手就势把大虫顶花皮揪住，往下按去。那只大虫想要挣扎，武松使尽气力按定，哪里肯放半点儿松！武松把脚往大虫面门上眼睛里只顾乱踢。那只大虫咆哮起来，不住地扒身底下的泥，扒起了两堆黄泥，成了一个土坑。武松把那只大虫一直按下黄泥坑里去。那只大虫叫武松弄得没有一些气力了。武松用左手紧紧地揪住大虫的顶花皮，空出右手来，提起铁锤般大小的拳头，使尽平生气力只顾打。打了五六十拳，那只大虫眼里，口里，鼻子里，耳朵里，都迸出鲜血来，一点儿也不能动弹了，只剩下口里喘气。

武松放了手，去树边找那条打折的哨棒，只怕大虫不死，用棒子又打了一回，眼看那大虫气儿都没了，才丢开哨棒。武松心里想道：“我就把这只死大虫拖下冈去。”就血泊里用双手来提，哪里提得动！原来武松使尽了气力，手脚都酥软了。

武松回到青石上坐了半歇，想道："天色看看黑了，如果再跳出一只大虫来，却怎么斗得过？还是先下冈去，明早再来理会。"武松在石头边找到了毡笠儿，转过乱树林边，一步步挨下冈来。

问题设计：

对课文中的武松，人们有不同的评价。你有什么看法？说说你的理由。

武松真勇敢，"明知山有虎，偏向虎山行"。

武松很要面子，有些鲁莽，不听别人善意的劝告。

（三）互改写人习作

（1）小组讨论，互相修改习作，根据学习媒介4"叙事性作品中人物评价表"，完成自评、他评，组内交流、分享。

（2）小组推选优秀习作，上台分享，其余学生现场点评。

【作业布置】

（1）继续修改自己的习作，完成学习评价。

（2）完成学习媒介5：TELL成长日志。

第六课时

【教学准备】

学习媒介5：TELL成长日志。

【教学目标】

回顾、总结、梳理本课程的学习经历，学生能够对教学过程、学习体验、学习策略以及学习结果进行自我反思、自我评价。

【教学过程】

（1）组内分享交流TELL成长日志。

（2）自荐或他荐TELL成长日志进行班级分享交流。

（3）评选出"最佳课程学习之星"，并说明理由。

五、附录（课程实施反思、学生作品展示）

（一）课程实施反思

1. 课前预测

这篇微整合课程的教学设计确实给我很大启发，从教生涯中，从来没有针对一个学习训练点利用“课前预曝光”的形式进行系统梳理，这与我之前的设想完全不同。它相当于把杂志式的课文通过一个学习训练点进行整合、归纳并学以致用。这在平时的课堂学习中也涉及过，但都是蜻蜓点水，没有这样深入学习。

2. 反思（含成功之处、不足之处、教学灵感和再教设计等）

执教过程中，学生的课堂反应让我欣喜，之前的微课程学习，让师生彼此从陌生到质疑，直至现在的全盘接纳。随着学习的不断深入，学生对人物形象的评价已然超过教师的理解，呈现出更加多元的人物形象解读，尤其是这个过程的习作教学，塑造人物形象时更加注重人物塑造的真实感，真正达到“我手写我心”，而不是刻意把自己当“完人”来写。

TELL成长日志是学生收获较大的一个教学环节，特别是交流教学过程、思考和收获，确实让很多学生受益。

（二）学生作品展示

（1）叙事性作品中人物评价的探究专题学习报告。

（2）学生习作展示。

小学叙事性作品中大意概括策略的探究

课程开发者：张一帆 李敏

课程实施者：张一帆

一、课程设计说明

《义务教育语文课程标准（2011年版）》指出：第三学段要求学生阅读叙事性作品，了解事件梗概，能进行较为准确的概括。本次微整合课程选取的是部编版中高年段的叙事性课文，主要探究如何运用叙事性作品对小学生概括能力进行培养。

之所以要进行概括能力培养的微课程整合，是因为小学阶段的学生概括能力普遍不高，特别是学习能力中等及偏下的学生。学生的问题主要集中在两方面：遗漏重点情节、概括语言不够简洁。

具体而言，我们在教学时，一般引导学生概括四部分内容：谁，做了什么事，遇到了什么变化（情节有何发展），结果如何。学生容易遗漏的主要是第三部分（关键的情节变化）；而学生容易啰唆主要是第二部分，即概括“做了什么”时包含过多的细节。

基于以上现状，进行小学叙事性作品概括能力培养的深度学习和微课整合就显得尤为重要。这一系列课程既能够对现在小学的语文教学提供急需的帮助，又能填补目前在这方面存在的空白，让培养小学生概括能力的研究更加完整。

二、课程目标说明

1. 认知领域

学生能掌握多种概括方法，并能依据文章特点灵活选用方法，进行概括。

2. 人际领域

（1）学生通过合作探究、自主展示、反思质疑等环节，学会倾听、表达。

（2）学生通过学习叙事性作品中的概括方法，对各种概括方法进行归类、研讨，学会合作、交流。

3. 自我领域

（1）学生通过自主批注学习材料、反思学习结果、填写TELL成长日志等来学会学习，学会自我反思与提升，培养自信。

（2）学生通过本课程学习，养成好学、善思、乐于探究的学习态度和情感。

三、课程内容说明

（一）概括的标准

针对不同的文本以及学生的不同学龄，对学生概括能力的要求应该有所不同。对于小学高年级学生来说，叙事性作品的概括应包含四部分：谁（故事主角），做了什么事，遇到了什么变化（重点情节变化），结果怎样。

如果叙事性作品的情节非常简单，或者实际教学中对学生概括内容的完整性要求不高，可以只包含四部分中的前两部分（谁，做了什么），如果是情节丰富、篇幅不短的叙事性作品，一般都需要学生在概括中包含四部分。

（二）四至六年级部编版教材中的叙事性作品

在小学四至六年级六册书中，分布着许多经典的叙事性作品，现罗列如下（表1）：

表1　小学四至六年级经典的叙事性作品目录

年级	上册	下册
四年级	5.一个豆荚里的五粒豆	5.琥珀
	12.盘古开天地	18.小英雄雨来（节选）
	14.普罗米修斯	19.我们家的男子汉
	15.女娲补天	20.芦花鞋
	16.麻雀	23.“诺曼底号”遇难记
	17.习作例文：爬天都峰	24.黄继光

续表

年级	上册	下册
四年级	23.梅兰芳蓄须	25.宝葫芦的秘密（节选）
	26.西门豹治邺	26.巨人的花园
	27.故事二则·扁鹊治病	27.海的女儿
	27.故事二则·纪昌学射	
五年级	2.落花生	2.祖父的园子
	4.珍珠鸟	4.梅花魂
	6.将相和	5.草船借箭
	8.猎人海力布	6.景阳冈
	9.牛郎织女（一）	7.猴王出世
	10.牛郎织女（二）	8.红楼春趣
	15.太阳	10.青山处处埋忠骨
	17.慈母情深	11.军神
	18.父爱之舟	12.清贫
	19.“精彩极了”和“糟糕透了”	13.人物描写一组·摔跤
	25.忆读书	13.人物描写一组·两茎灯草
	26.我的“长生果”	14.刷子李
		16.田忌赛马
		17.跳水
		23.童年的发现
六年级	6.狼牙山五壮士	2.腊八粥
	8.灯光	5. 鲁滨逊漂流记（节选）
	9.竹节人	6.骑鹅旅行记（节选）
	12.桥	7.汤姆·索亚历险记（节选）
	13.穷人	9.那个星期天
	16.盼	11.十六年前的回忆
	22.月光曲	13.金色的鱼钩
	24.少年闰土	15.表里的生物
	26.我的伯父鲁迅先生	17.他们那时候多有趣啊

值得注意的是，五年级的叙事性作品明显是高年级中最多的，这跟课标的要求吻合，而概括能力的培养也应该在高年级作为重点来推进。

（三）叙事性作品的概括策略具体解读

一般来说，常用的概括方法有四种：题目扩充法、要素串联法、段意相加法、重点句提示法。

1. 题目扩充法

题目扩充法是小学概括主要内容的重要方法之一，通过引导学生追问故事要素、给课文标题填空的方式，将题目扩充成含有更多故事要素的单句，再进行增补，形成对作品大意的概括。

只要题目中包含两个或两个以上重要的故事要素，我们都可以使用题目扩充法，在高年级中具体有以下篇目（表2）：

表2　小学四至六年级包含两个或两个以上重要的故事要素篇目目录

年级	题目	题目所含要素
四年级上册	12.盘古开天地	主人公、做什么事
	15.女娲补天	主人公、做什么事
	23.梅兰芳蓄须	主人公、做什么事
	26.西门豹治邺	主人公、做什么事
	27.故事二则 · 扁鹊治病	主人公、做什么事
	27.故事二则 · 纪昌学射	主人公、做什么事
四年级下册	23.“诺曼底号”遇难记	描写对象、情节
	26.巨人的花园	主人公、地点
五年级上册	6.将相和	主人公、情节
五年级下册	2.祖父的园子	描写对象、地点
	5.草船借箭	地点、做什么事
	7.猴王出世	主人公、做什么事
	16.田忌赛马	主人公、做什么事
六年级下册	5.鲁滨逊漂流记（节选）	主人公、做什么事
	7.汤姆 · 索亚历险记	主人公、做什么事
	15.表里的生物	地点、描写对象

值得注意的是，虽然叙事性作品在五年级的两册课文中收录最多，但能用题目扩充法的作品集中在四年级，年级越高越少，这其实是对学生的概括能力提出了更高的要求。现从中选出5篇典型文本，进行概括方法的具体解析。

（1）典型文本。

《盘古开天》《女娲补天》《将相和》《猴王出世》《田忌赛马》。

（2）方法解读（源于教学参考）。

①《盘古开天》。

教师追问：主人公是谁？做了什么？开天过程如何？结果如何？

题目填空：盘古（　　），（　　）开天，最后（　　）。

大意概括：一位名叫盘古的巨人把天地劈开，并撑在天地间不让天地合拢，最后化成世间万物。

对比分析：

盘古（<u>用斧头把天地劈开</u>），（<u>并不让天地合拢</u>），最后（<u>化成世间万物</u>）。

谁　　做了什么　　开天的过程　　结果

②《女娲补天》。

教师追问：主人公是谁？做了什么？开天过程如何？结果如何？

题目填空：女娲（　　）补天，（　　），最后（　　）。

大意概括：女娲因为天地被破坏而想要补天，克服艰难险阻，最后使天和地恢复了平静。

对比分析：

女娲（<u>因为天地被破坏而想要补天</u>），（<u>克服艰难险阻</u>），最后（<u>使天和地恢复了平静</u>）。

谁　　为什么　　开天的过程　　结果

③《将相和》。

教师追问：将和相分别是谁？为什么“不和”？“和好”的过程如何？结果如何？

题目填空：将（　）相（　　）因为（　　）而不和，后来因为（　　），最终和好。

大意概括：大将军廉颇和上卿蔺相如因为蔺相如官职比廉颇高而不和，后来因为蔺相如的大度和廉颇的知错就改，最终和好。

对比分析：

（大将军廉颇和上卿蔺相如）因为（蔺相如官职比廉颇高）而不和，后因为

谁　　　　　　　　　　为什么

（蔺相如的大度和廉颇的知错就改），最终（和好）。

和好过程　　　　　　　　　　结果

④《猴王出世》。

教师追问：主人公是谁？如何出世？出世后做了什么？结果如何？

题目填空：猴王（　　）出世，（　　），最后（　　）。

大意概括：猴王从花果山的一块仙石中出世，自告奋勇跳入瀑布泉中，最后当上了美猴王。

对比分析：

猴王（从花果山的一块仙石中）出世，（自告奋勇跳入瀑布泉中），最后

谁　　　　出世　　　　　　　　　　评选的过程

（当上了美猴王）。

结果

⑤《田忌赛马》。

教师追问：主人公有哪些人？与谁赛马？过程如何？结果如何？

题目填空：田忌（　　）赛马，（　　），最后（　　）。

大意概括：田忌运用孙膑的策略与齐威王赛马，巧妙安排马匹出场顺序，最后赢得了比赛。

对比分析：

田忌（运用孙膑的策略与齐威王）赛马，（巧妙安排马匹出场顺序），最后

谁　　　　　　　　　　过程如何

（赢得了比赛）。

结果

总的来说，题目扩充法是最明显、最直接的一种概括方法，在小学阶段也较为常用。能够用题目扩充法进行概括的作品故事要素一般较为简单，情节容易把握。

2. 要素串联法

对于叙事性作品的概括，最重要的故事要素是主要人物、做什么事、事情的经过及结果。要素串联法指的是当叙事性作品的情节较为简单时，学生能够通过教师的简单引导或提示，找到概括需要的主要要素，再用精练的语言将各要素串联起来，形成概括。需要注意的是，对于含有多个主人公的叙事性作品，要素串联法能够引导学生尽快找出作品的主人公，通过主人公找到主人公主要做了什么事，再概括事情的经过及结果。也就是说，要素串联法非常适合用于多主人公的叙事性作品。

在高年级中，单一主人公和多主人公的篇目分别如下（表3～表5）：

表3　小学四年级单主人公和多主人公篇目目录

年级	四年级上册	四年级下册
单主人公型	12.盘古开天地	5.琥珀
	14.普罗米修斯	18.小英雄雨来
	15.女娲补天	19.我们家的男子汉
	16.麻雀	23.“诺曼底号”遇难记
	17.习作例文：爬天都峰	24.黄继光
	23.梅兰芳蓄须	25.宝葫芦的秘密（节选）
	26.西门豹治邺	26.巨人的花园
	27.故事二则·纪昌学射	27.海的女儿
多主人公型	5.一个豆荚里的五粒豆	20.芦花鞋
	27.故事二则·扁鹊治病	

表4　小学五年级单主人公和多主人公篇目目录

类型	五年级上册	五年级下册
单主人公型	2.落花生	4.梅花魂
	8.猎人海力布	6.景阳冈
	17.慈母情深	7.猴王出世
	18.父爱之舟	10.青山处处埋忠骨
	25.忆读书	12.清贫
	26.我的“长生果”	13.人物描写一组·摔跤
		14.刷子李
		23.童年的发现

续 表

类型	五年级上册	五年级下册
多主人公型	4.珍珠鸟	2.祖父的园子
	6.将相和	5.草船借箭
	9.牛郎织女（一）	8.红楼春趣
	10.牛郎织女（二）	10.军神
	15.太阳	13.人物描写一组·两茎灯草
	19."精彩极了"和"糟糕透了"	16.田忌赛马
		17.跳水

表5　小学六年级单主人公和多主人公篇目目录

类型	六年级上册	六年级下册
单主人公型	8.灯光	2.腊八粥
	9.竹节人	5.鲁滨逊漂流记（节选）
	12.桥	6.骑鹅旅行记（节选）
	16.盼	7.汤姆·索亚历险记（节选）
	22.月光曲	11.十六年前的回忆
	24.少年闰土	13.金色的鱼钩
	26.我的伯父鲁迅先生	15.表里的生物
多主人公型	6.狼牙山五壮士	9.那个星期天
	13.穷人	17.他们那时候多有趣啊

笔者主要选取高年级中多主人公型的课文来解读要素串联法的具体运用。

（1）典型文本。

《扁鹊治病》《跳水》《他们那时候多有趣啊》。

（2）方法解读（源于教学参考）。

①《扁鹊治病》。

教师追问：文章主人公有谁？做了什么事？事情的经过是什么？结果如何？

要素填写：

主人公：扁鹊、蔡桓侯；做什么：治病；事情经过：扁鹊劝蔡桓侯及早治病，蔡桓侯不听；事情结果：蔡桓侯因病恶化而亡。

大意概括：扁鹊在拜见蔡桓侯时，三次劝蔡桓侯及早治病，蔡桓侯不听，结果蔡桓侯因病恶化而亡。

对比分析：

扁鹊在拜见蔡桓侯时多次劝蔡桓侯治病，蔡桓侯不听，结果

主人公1　主人公2　做什么　事情经过

蔡桓侯因病恶化而亡。

事情结果

②《跳水》。

教师追问：文章主人公有谁？做了什么事？事情的经过是什么？结果如何？

要素填写：

主人公：船长的儿子、船长；做什么：取回帽子；事情经过：船长逼儿子从横木上跳水；事情结果：船长的儿子被从海里救了上来。

大意概括：船长的儿子想从猴子手里取回帽子而爬上最高的横木，船长看到后逼儿子从横木上跳水，最终船长的儿子被从海里救了上来。

对比分析：

船长的儿子想从猴子手里取回帽子而爬上最高的横木，船长看到后

主人公1　做什么　主人公2

逼儿子从横木上跳水，最终船长的儿子被从海里救了上来。

事情经过　事情结果

③《他们那时候多有趣啊》。

教师追问：文章主人公有谁？做了什么事？事情的经过是什么？结果如何？

要素填写：

主人公：玛丽、托米；做什么：发现了一本很旧的书；事情经过：知道了以前学校的样子；事情结果：对以前的学校产生了向往之情。

大意概括：玛丽和托米发现了一本很旧的书，从书本和交谈中他们知道了以前学校的样子，并对以前的学校产生了向往之情。

对比分析：

玛丽和托米 发现了一本很旧的书，从书本和交谈中他们

主人公　　　　做什么

知道了以前学校的样子，并对以前的学校产生了向往之情。

事情经过　　　　　　　事情结果

其实对于学生来说，多主人公型叙事性作品的概括难点主要是无法很好地把握多个主人公之间的关系和各个主人公和故事主线的关系，而正因为要素串联法很好地解决了这个问题，所以面对多主人公型叙事性作品时，我们常常使用该方法。

当然，并不是说单主人公型叙事性作品不能用要素串联法，恰恰相反，同样运用要素串联法，单主人公型叙事性作品要比多主人公型叙事性作品更好概括。因为篇幅有限，对于单主人公型叙事性作品就不再用要素串联法进行概括了。

3. 段意相加法

简单来说段意相加法就是首先将文章分成几大部分，再分别概括各段的主要内容，形成小标题，最后把各段大意相加，形成段落大意。值得注意的是，这种概括针对的叙事性作品主要是篇幅较长的文本，有些文本直接提供了各意义段的小标题，而有些文本需要我们自己先进行分段、概括小标题，再进行段意的整合。

对于小学阶段的教学来说，需要用到段意相加法的篇目一般在课后习题中都有提示概括方法，教师在实际教学中应该多留意，相机进行引导。在四至六年级中课后提示运用段落相加法的篇目如下（表6）：

表6　小学四至六年级课后提示运用段落相加法的篇目目录

篇目	所在书目	概括提示
西门豹治邺	四年级上册第26课	默读课文，根据课文内容填空，并简要复述课文
		（　）—（　）—兴修水利
小英雄雨来	四年级下册第18课	照样子给其他四个部分列出小标题，再说说课文的主要内容
		一、游泳本领高　二、上夜校读书

续表

篇目	所在书目	概括提示
芦花鞋	四年级下册第20课	默读课文，为每个部分列出小标题，再和同学交流印象最深的内容
将相和	五年级上册第6课	根据下面的提示，用自己的话说说课文的主要内容
		完璧归赵—渑池会面—负荆请罪
景阳冈	五年级下册第6课	按照故事的发展顺序，把下面的内容补充完整，再说说故事的主要内容
		喝酒—（　）—（　）—（　）
跳水	五年级下册第17课	默读课文，想想故事的起因、经过和结果，把下面的内容填写完整，再讲讲这个故事
		水手拿猴子取乐—（　）—（　）
狼牙山五壮士	六年级上册第6课	朗读课文，根据课文内容填一填，再讲讲这个故事
		接受任务—（　）—（　）—（　）—跳下悬崖
我的伯父鲁迅先生	六年级上册第26课	用较快的速度默读课文，想想课文写了关于鲁迅的哪几件事，给每件事加个小标题
鲁滨逊漂流记（节选）	六年级下册第5课	默读梗概，想想这部小说写了鲁滨逊流落荒岛的哪些事，用小标题的方式列出来
		流落荒岛—（　）

既然在课后习题中已经明确要求写出小标题，这就为我们运用段意相加法进行作品大意概括提供了非常好的条件。每个小标题其实就是对文章各段段意的高度概括，将小标题相加，进行取舍和语言的润色后，基本就能得出文章的大意了。

（1）典型文本。

《芦花鞋》《景阳冈》《鲁滨逊漂流记》。

（2）方法解读。

①《芦花鞋》。

教师追问：文章可以分成哪几段？各段的小标题是什么？根据小标题，你会如何概括故事大意？

写小标题：编芦花鞋—卖芦花鞋—芦花鞋卖光了—最后一双芦花鞋。

大意概括：青铜、葵花一家冬闲时编了许多芦花鞋让青铜去卖，芦花鞋都卖光了，就连青铜穿的最后一双都卖出去了。

对比分析：

青铜、葵花一家冬闲时编了许多芦花鞋让青铜去卖，芦花鞋都卖光了，

小标题一　小标题二　小标题三

就连青铜穿的最后一双芦花鞋都卖出去了。

小标题四

②《景阳冈》。

教师追问：按照故事发展，填填武松做了哪几件事。

写小标题：喝酒—上冈—打虎—下冈。

大意概括：武松喝酒后独自上冈，不料遇到老虎，武松拼尽全力把老虎打死后，才一步步挨下冈来。

对比分析：

武松喝酒后独自上冈，不料遇到老虎，武松拼尽全力把老虎打死后，

小标题一　小标题二　小标题三

才一步步挨下冈来。

小标题四

③《鲁滨逊漂流记》。

教师追问：这部小说写了鲁滨逊流落荒岛的哪些事？分别用小标题概括出来。

写小标题：流落荒岛—建房定居—蓄养种植—救“星期五”—获救回国。

大意概括：鲁滨逊在流落荒岛后慢慢建房定居，并开始畜牧种植，还收获了重要的伙伴“星期五”，最后获救回国。

对比分析：

鲁滨逊在流落荒岛后慢慢建房定居，并开始畜养种植，还

小标题一　小标题二　小标题三

收获了重要的伙伴“星期五”，最后获救回国。

小标题四　小标题五

对于段意相加法，有两点我们需要注意：首先，教材中对于段意相加法的要求是有梯度的，或者说对于概括小标题的要求是逐步提高的，从四年级提示

小标题的数量和前面一两个小标题，到六年级放手让学生自主概括小标题。其次，段意相加法还有一个难点，就是如何将概括出来的段意（小标题）进行取舍，整合成语言精练地概括。取舍的时候需要学生对于叙事性作品有准确的整体把握，而整合成语言精练地概括则需要学生有较好的语言驾驭能力。

4. 重点句提示法

在实际教学中，重点句提示法也是非常常用的一种概括方法。重点句的呈现方式一般有作为开头、结尾或在作品中间独立成段，承上启下，或反复出现。如果重点句有几句，或已经较完整地包含了概括所需的信息点，我们则可以直接摘录下来，作为对文章的概括，即我们常说的“语句摘录法”。

在四至六年级中，以下文本含有较为明显的重点句（表7）：

表7　小学四至六年级含重点句篇目目录

年级	篇目	重点句	呈现方式
四年级上册	12.盘古开天地	伟大的巨人盘古，用他的整个身体创造了美丽的世界	文章结尾
	23.梅兰芳蓄须	作为艺术家，梅兰芳先生高超的表演艺术让人喜爱，他的民族气节更令人佩服	文章结尾
四年级下册	23.“诺曼底号”遇难记	他一生都要求自己忠于职守，履行做人之道。面对死亡，他又践行了一次英雄的壮举	文章结尾
五年级上册	2.落花生	花生做的食品都吃完了，父亲的话却深深地印在我的心上	文章结尾
	4.珍珠鸟	信赖，往往创造出美好的境界	文章结尾
	26.我的“长生果”	书，被人们称为人类文明的“长生果”	文章开头
五年级下册	12.清贫	清贫，洁白朴素的生活，正是我们革命者能够战胜许多困难的地方	文章结尾
	23.童年的发现	我在九岁的时候就发现了有关胚胎发育的规律，这完全是我独立思考的结果	文章开头
六年级下册	9.那个星期天	我还记得我的第一次盼望	文章开头

能够用重点句提示法的叙事性作品主要集中在五年级，在引导学生运用该方法时，应先让学生明确需要从重点句中提取出来的信息，再让学生进行信息整合。

（1）典型文本。

《“诺曼底号”遇难记》《珍珠鸟》《那个星期天》。

（2）方法解读（源于教学参考）。

①《“诺曼底号”遇难记》。

出示句子：他一生都要求自己忠于职守，履行做人之道。面对死亡，他又践行了一次英雄的壮举。

教师追问：从这句话中你提取出了什么重要的信息点？

提取信息：忠于职守、死亡、英雄的壮举。

大意概括：哈尔威船长在“诺曼底号”遇难时，忠于职守，沉着指挥人员脱险，在死亡的威胁下牺牲了自己。

对比分析：

哈尔威船长在“诺曼底号”遇难时，忠于职守，沉着指挥人员脱险，
忠于职守

在死亡的威胁下牺牲了自己。
死亡　英雄的壮举

②《珍珠鸟》。

出示句子：信赖，往往创造出美好的境界。

教师追问：从这句话中你提取出了什么重要的信息点？

提取信息：信赖、美好。

大意概括：“我”收到了一只珍珠鸟礼物，在“我”的精心照料下，“我”与珍珠鸟间建立起了信赖，从而创造了人与动物和谐相处的美好境界。

对比分析：

“我”收到了一只珍珠鸟礼物，在“我”的精心照料下，“我”与珍珠鸟间建立起了信赖，从而创造了人与动物和谐相处的美好境界。
信赖　美好

③《那个星期天》。

出示句子：我还记得我的第一次盼望。

教师追问：从这句话中你提取出了什么重要的信息点？

提取信息：第一次、盼望。

大意概括：在一个星期天里，我第一次强烈地盼望着出去玩，但因为妈妈忙于家务，而最终没能去成。

对比分析：

我第一次强烈地盼望着出去玩，但因为妈妈忙于家务，而最终没能去成。

第一次　　盼望

其实，每种方法针对不同的文体，能发挥不同的作用，最后学生能够做到的是面对大多数文体，既能选出最好的概括方法进行概括，也能用不同方法进行概括，殊途同归。在学生掌握四种主要的概括策略后，还需要学生通过自查、互批和师评等多种方式，修饰概括语言，使概括的语言精简，符合要求。

四、课程教学设计

（一）教学对象

六年级学生。

（二）教学课时

4课时。

（三）教学方式

自主学习（个人批注）、合作学习（小组研讨、全班交流）、探究学习（质疑研讨）、反思学习（反思总结）。

（四）教学流程

个人批注—集体研讨—质疑问难—学以致用—展示分享—反思总结。

（五）学习策略

学前预曝光、任务（问题）驱动、学习共同体、学习媒介。

（六）课程实施计划

◆◆ 第一部分　教学准备，回顾所学 ◆◆

1. 做法

教师提前一周安排学习《学习预告》和《入场券》（表8）。

2. 目的

激发学生好奇和期待的心理，使学生为专题学习做好心理准备，并激活学生关于专题学习的有关先期知识。

学习预告：叙述性作品中概括能力的培养

同学们，你们一定爱读故事吧！在未来的一周里，我们将整合一个又一个有趣的故事，在课堂内外展开“概括故事主要内容”的专题学习之旅。这场旅行将经历重重诱惑和挑战，触发脑力激荡的思考极限，体验令人欢欣鼓舞的兴奋和领悟，收获运用自如的成功与自豪……

你准备好了吗？你对“概括故事大意”了解多少？请用心填写《入场券》来接受挑战吧！敬请期待即将开启的专题探究学习之旅。

——×老师　×月×日

表8　叙述性作品中概括能力的培养入场券

姓名：______ 日期：______

序号	问题呼唤	你的应答
1	你读过哪些有趣的小故事？你知道这些故事的情节都有什么特点吗？	1. ______ 2. ______
2	用自己的话概括故事，是一项很有用的能力，你会用什么办法概括故事呢？	1. ______ 2. ______ 3. ______
3	你对“叙述性作品中概括能力的培养”存在哪些疑问？用“※”标记你最想了解的一点	1. ______ 2. ______

续表

序号	问题呼唤	你的应答
4	回读我们四至六年级学过的叙述性作品，选一篇你最有把握的进行概括	课文题目：________ 内容概括：________
5	与同学分享你概括故事的小技巧吧	我的技巧：________ 运用范例：________

第二部分　重点突破，了解方法

【教学任务】

（1）在教师的引导下回顾高年级所学过的典型文本。

（2）在理解把握文章主要内容的基础上进行口头概括。

（3）初步认识到针对不同的文本类型，应选用不同的概括策略。

【教学方式】

自主学习（个人批注）、合作学习（小组研讨、全班交流）、探究学习（质疑研讨）。

【教学课时】

2课时。

【教学过程】

（一）回顾文本，自主批注

1. 引导学生意识到学习概括方法的重要性

师：同学们，在日常读书生活中，一个故事最吸引你的地方是什么？读过后你印象最深刻的又是什么呢?

（生自由发言，师相机引导。）

师：故事的人物和重要情节都非常引人注意，但对人物和情节的理解和品味都离不开对故事主要内容的把握。

2. 引导学生回顾高年级学过的课文

师：作为六年级的学生，我们已经接触过许多有趣的课文，读过许多引人入胜的故事。今天，就让我们一起走进当中的几篇，试着概括文中的精彩内容。

3. 进行自主批注

（师展示课文《盘古开天地》《扁鹊治病》《那个星期天》《金色的鱼钩》。）

师：请同学们拿出学习单，阅读学习单上的四篇课文，批注重点内容，整理概括思路。

（生自主批注，师巡堂指导，约持续10分钟。）

（二）口头概括，合作交流

1. 交流批注内容，打下概括基础

师：老师发现，很多同学在做阅读批注时都把课文的主要人物勾画出来了，也有同学勾画出了不同的信息。我们现在来交流一下。

（学生分享，教师相机引导学生关注遗漏的情节。）

2. 引导学生进行口头概括

师：批注完文章，我们对文章也有了了解，可以尝试着进行概括了。

师：谁来试试？概括学习单中一篇你最熟悉、最有把握的文章。

（生进行概括，师对照答案预设进行指导。）

（三）总结方法，质疑探究

（1）小结文本概括，引出概括切入点。

师：经过思考和交流，我们一起进行了四篇文章的概括。同学们有没有发现什么小技巧呢？

师：其实，无论我们拿到怎样的文章，我们无法忽视的就是这篇文章的标题。

（2）针对不同标题类型，介绍不同方法。

师：其实在学习单里，有些文章的标题包含故事的主要人物和主要事件，有些标题则显得比较“含蓄”，你能把它们找出来吗？

（3）介绍针对不同标题运用不同的概括技巧的方法。

（4）总结。

【作业布置】

课下将四篇文章的概括写成文字，下节课分享。

◆◆ 第三部分　研究报告评述 ◆◆

活动一：学生课下进行研究报告的撰写。

活动二：在课上利用一课时，让学生充分交流研究报告内容及各自的概括是否简洁到位。

小学叙事性作品中大意概括策略专题学习研究报告

姓名：______日期：______

1. 写作支架（表9）

表9　写作支架

具体要求	解释说明	范例
标题	研究报告要有一个标题	小学叙事性作品大意概括策略的探究专题学习优质报告
问题的提出	写出研究目的	发现学之前存在的各种问题
研究方法	写清楚研究的具体内容和研究方法	研究的内容主要是根据文本特点选择合适的概括方法
研究情况和资料整理	要把研究情况整理出来	举例说明不同叙事性作品适合采取的不同概括策略及概括成果
研究结论	要对研究结果进行分析	我的评价和感想
研究应用	研究结论在今后学习中的应用	1. 阅读方面：运用所学方法和策略，选一篇叙事类课外文本，进行概括。 2. 写作方面：运用自己最有心得的一种概括方式，构思作品的概括

2. 构建提纲，开始写作（表10）

表10　构建提纲

	题目
	作者、班级
在学习本课程之前，我______________________________ ______________________________	学习之前存在的问题
最近一周，我们学习了叙事性作品的概括方法，分别是 ______________________________ ______________________________	研究的内容主要是根据不同类型的叙事性作品选择不同的概括方法

续 表

<table>
<tr><td></td><td>题目</td></tr>
<tr><td></td><td>作者、班级</td></tr>
<tr><td>一、题目扩充法</td><td rowspan="8">举例说明不同概括方法在不同叙事性作品的概括中的应用。</td></tr>
<tr><td>我们四年级上册有篇选读课文《盘古开天地》，就是一篇典型的能够运用题目扩充法进行概括的文章：
题目填空：盘古（　　），（　　）开天，最后（　　）
大意概括：____________________
____
____________________</td></tr>
<tr><td>二、要素串联法</td></tr>
<tr><td></td></tr>
<tr><td>三、段意相加法</td></tr>
<tr><td></td></tr>
<tr><td>四、重点句提示法</td></tr>
<tr><td></td></tr>
<tr><td>这样的学习，我们是第一次，以往都是一篇课文一篇课文地学习，这次是将课文中的叙事性作品进行整合和分类，一起学习如何运用不同方法进行概括。将不同的课文放在一起学习，很有意思，我喜欢这样的学习。此次探究我有很多收获</td><td>我的评价和感想：</td></tr>
<tr><td>学完这个微课程后，我想到了一篇文章《__________》，下面我运用所学对这篇文章进行概括__________
____
____
用概括的语句说明事情的方法也可以用到我的写作中，如
____
____________________</td><td>我的应用：
1.阅读方面：运用所学方法和策略，选一篇叙事类课外文本进行概括。
2.写作方面：运用自己最有心得的一种概括方式，构思作品的概括策略</td></tr>
<tr><td></td><td>结尾</td></tr>
</table>

◆◆ 第四部分　分享交流，修改梗概 ◆◆

【教学任务】

（1）交流对四篇文章的概括。

（2）引导学生根据交流结果和教师的修改意见进行概括修改。

【教学方式】

自主学习（修改梗概）、合作学习（小组研讨）、探究学习（提出修改意见）。

【教学课时】

1课时。

【教学设计】

（1）根据对学生概括的批改情况，分享学生的典型概括范例。

（2）引导学生针对典型概括范例进行讨论，提出修改意见。

（3）学生对自己的概括进行修改。

（4）教师总结，布置作业：没有完成修改的学生回家继续完成。

◆◆ 第五部分　拓展文本，迁移运用 ◆◆

【教学任务】

（1）补充四篇典型阅读材料，引导学生进行阅读及概括。

（2）初步掌握根据不同文本进行概括的能力。

【教学方式】

自主学习（阅读文本、进行概括）、合作学习（小组研讨、全班交流）、探究学习（总结方法）。

【教学准备】

（1）学习媒介4：TELL成长日志。

（2）阅读补充的四篇典型文章，并进行批注：《田忌赛马》《月光曲》《小英雄雨来》《表里的生物》。

【教学课时】

1课时。

【教学设计】

（1）简单分享交流TELL成长日志。

（2）用学到的方法概括补充的文章，并进行组内互评、全班交流。

讨论质疑建议：认真倾听每一位发言者的发言；用欣赏的语言肯定认同的观点；用接纳与尊重的语言提出不同见解，做到有礼有节、有理有据。

（3）教师总结常见错误，进行有针对性的辅导。

（4）学生修改自己的概括。

五、附录（课程实施反思、学生作品展示）

1. 课程实施反思

（1）课前预测（含教学设计与教学目标是否吻合）。

____

____

____

（2）课中课后的反思（含成功之处、不足之处、教学灵感和再教设计等）

2. 学生概括文本展示（可附纸）

小学叙事性作品中主题理解策略的探究

课程开发者：马丽　李敏

课程实施者：马丽

一、课程设计说明

在这个信息主导的世界，学生比过去任何时代都需要学习如何在阅读中提取重要信息，理解他人表达的内容。因此，部编版教材特别强调了阅读策略的渗透，旨在教会学生用多种方法抓住文章的主题，体会课文表达的思想感情，学会从文章中建构意义。

通过学习以及广泛阅读，学生对概括文章主题的方法已有一定认识。《义务教育语文课程标准（2011年版）》指出，进入第三学段（五至六年级），“学生在阅读中了解文章的表达顺序，体会作者的思想感情，初步领悟文章的基本表达方法。在交流和讨论中，敢于提出看法，做出自己的判断”。

新版统编语文教科书以能力为核心，意在构建学生语文能力发展的培养体系。但是观察当下的语文课堂，学生的自主阅读尚有不少问题。在现行的单篇课文教学中，每篇文本的教学都是独立的，阅读教学指导的内容更注重如何获取文本知识，很少指导学生更新自身的认知结构、不断调整自身的阅读状况。如何讲好一篇课文，成为大多数教师关注的教学目标和内容，而教师对指导学生灵活运用阅读策略缺乏必要的关注。学生经历了学习课文的过程，但不一定具备独立阅读文本、分析文章主题的能力。离开了教师的分析和引导，学生缺乏有效的方法，不能主动应用阅读策略，阅读就变得“少、慢、差、费”。

为提高学生的阅读理解能力，让学生更好地把握文章主题，开展叙事性作品中主题分析的深度学习，实施把握文本主题策略的微课整合就显得尤为重要。这一系列课程既能够对教师教学提供急需的帮助，又能帮助学生提升他们解读语篇、体会作者思想感情的能力并学以致用。

二、课程目标说明

1. 认知领域

学生能够应用“聚焦标题，赏析关键词”“聚焦关键语句，领悟内在意涵”“聚焦线索和详略，整体把握文本”三大策略对文本进行深度解读，把握文本主题。

2. 人际领域

（1）学生通过小组交流活动、自主展示活动、反思质疑环节，学会倾听、表达，学会接纳、尊重。

（2）学生通过在叙事性作品中提问、推论、理解、研讨，养成合作意识，学会合作技能。

3. 自我领域

（1）学生通过自主批注学习材料、反思学习结果、填写TELL成长日志与专题学习报告等学会学习，学会自我反思与提升，培养自信。

（2）学生通过对本课程的学习，养成好学、善思、乐于探究的学习态度和情感。

三、课程内容说明

策略一：聚焦标题，赏析关键词

文章的标题是文章内容的重要线索，能够有效地指向相关内容，是理解文本的直接切入点。一般而言，标题中往往包含一些表明作者感情立场的词语，这些修饰标题的关键词很大程度上指向了作者的思想感情。例如，《谁是最可爱的人》一文，“可爱”一词就流露出作者对叙述对象的肯定和喜爱之情。

从四至六年级叙事类文本的标题来看，有的文本标题中已经包含了表露作者思想感情的修饰词。针对这些文本，使用分词手段将标题中的关键词分割出来，就找到了理解文本的角度（表1）。

表1　小学四至六年级叙事类文本目录

来源	标题	关键词（字）	类别	内涵解析
部编版四年级下册	小英雄雨来	英雄	称谓	指向称谓，本文中指雨来，表彰少年雨来聪明勇敢、不畏强敌的斗争精神
部编版五年级上册	“精彩极了”和“糟糕透了”	精彩、糟糕	形容	关键词用上了引号，指向语言评价，说明文中存在一组认知矛盾。通读课文可以发现，父母亲不同的评价内在蕴藏的是对作者不同的爱
	慈母情深	慈母	称谓	指向特殊称谓，“慈母”是对母亲的亲切叫法。慈祥的母亲不仅为养活孩子辛勤工作，还为孩子提供精神食粮，表现了母亲对孩子无私的爱
	将相和	和	形容	指向事件评价，课文讲述了将相之间从心生嫌隙到重归于好的故事，将相和谐的目的是维护国家利益，齐心协力保卫赵国
部编版五年级下册	青山处处埋忠骨	忠骨	称谓	指向特殊称谓，“忠骨”原指忠臣的遗骸，出自杭州西湖岳王墓，本文中指代毛岸英的遗骨，表彰其为国牺牲的精神
	清贫	清贫	品质	指向人物品质，“清贫”是指清白、贫穷、一无所有，在文中不仅指生活上，更指向精神上，赞美了共产党员克己奉公的生活态度和植根于革命者心底的勇往直前的精神力量
	军神	军神	称谓	指向特殊称谓，在面临考验时，刘伯承克服常人无法想象的苦难，显出了神的一面，表现出钢铁般的意志
部编版六年级上册	穷人	穷人	称谓	指向特殊称谓，“穷人”指的是生活条件极差的人，文中特指桑娜和她的丈夫。穷困的桑娜和丈夫接收了邻居西蒙的一对遗孤，在物质的贫乏与精神的富足对比之间，表现出他们的善良与博爱
	狼牙山五壮士	壮士	称谓	指向特殊称谓，突出战士的豪壮勇敢，表现了五壮士面对强敌毫不畏惧、宁死不屈的革命精神和英雄气概
	青山不老	不老	形容	指向物象评价，表面上指的是老农创造的这片绿洲生机勃勃，实际还包含赞颂老农坚持不懈绿化家园的精神和无私奉献造福后代的情怀

从表1中可以看出，标题的关键词指引读者去挖掘文本内涵，需注意从表层含义和深层含义两个层面进行分析。关键词的表层含义即字面义、常用义，直接揭露出作者的情感倾向，可以在阅读全文时结合文章的情节进行分析；关键词的深层含义即比喻义、象征义、引申义等，往往是抽象的精神品质之类，常常是文章要揭示的中心，需结合文章的人物性格特征、时代背景和文章的主旨分析。

把握好标题的关键词，就能大致把握作者的思想感情。以《军神》一课为例，将人称为"神"，是对主人公极大的褒扬，充满崇敬之意，表明刘伯承具有超乎常人的坚强意志，表达沃克医生对刘伯承由衷的敬佩和赞叹。再看《"精彩极了"和"糟糕透了"》一文，"精彩极了"与"糟糕透了"两个关键词构成对比，显示出了评价尺度的巨大差异。这组关键词折射了父母育儿观念的差异，"精彩"意味着母亲对孩子的适度高估，"糟糕"意味着父亲对孩子的客观理性。孩子在受挫自我否定时需要母亲的高评价来找回自信，孩子自大自满时需要父亲的客观理性来认识真相。作者巧妙地抓住了父母不同的评价语言，体现了作者对家庭亲子关系的思考，歌颂了父母在两种育儿观背后凝练的对孩子的爱。

策略二：聚焦关键语句，领悟内在意涵

叙事性作品是以叙述和描写人物和事件为主的一种文体，常在描写主要内容时引出作者表达的思想感情。能帮助学生理解文本内容、体会作者思想情感的词句，都可以是关键语句。开门见山或卒章显志的文章，文章开头或结尾分布的关键词句能直接表达作者的思想感情。

1. 关键语句位于文章开头，总起全文

关键语句位于开头的文章往往开宗明义，在开头就用关键词句（总起句）提纲挈领，概括和总述了全文，能直接表达作者的思想感情。

典型文本：《观潮》《月是故乡明》。

文本解析：

钱塘江大潮，自古以来被称为天下奇观。

——《观潮》

《观潮》开篇的第一句话就是全文的关键句，赞扬了大潮的壮观，表达了作者对大自然的赞美之情。一开头作者就把观潮后的震撼感受写得清清楚楚，并给其冠以“天下奇观”的名号，再按照“潮来之前”“潮来之时”“潮退之后”的时间顺序记叙了钱塘江大潮的景象和观潮者的感受。

每个人都有个故乡，每个人的心中都有个月亮。人人都爱自己故乡的月亮。

——《月是故乡明》

作者开篇点题，既阐释了“月是故乡明”这句思乡名句的含义，又直接赞美故乡月亮的可爱，表达了自己对故乡的思念。全文以月亮为线索，描绘了故乡恬淡的明月、美妙的童年、离乡后世界各地的月色和晚年居于北京的生活，在反复对比中表达了作者深切的思乡之情。

2. 关键语句位于文章结尾，总结全文

关键语句位于结尾处的文章在文末利用关键词句对全文进行总结，对文本主题进行强调，能直接表达作者的思想感情，加深读者的印象。

典型文本：《梅兰芳蓄须》《珍珠鸟》《忆读书》《清贫》《青山处处埋忠骨》《我的伯父鲁迅先生》《作文上的红双圈》。

文本解析：

作为艺术家，梅兰芳先生高超的表演艺术让人喜爱，他的民族气节更令人敬佩！

——《梅兰芳蓄须》

《梅兰芳蓄须》记叙了著名京剧表演艺术家梅兰芳先生通过避居香港、蓄须、打伤寒预防针等方法一次次拒绝为日本人登台演出的事迹，赞美梅兰芳先生崇高的民族气节。作者最后从表演艺术和民族气节两个方面对梅兰芳先生进行了高度评价，着重赞扬了他的爱国精神和民族气节。

信赖，往往创造出美好的境界。

——《珍珠鸟》

冯骥才从饲养朋友赠予的珍珠鸟这件事中悟出人与动物相处的秘诀——“信赖”。文章结尾的点题清楚而明白。这是文章的总结句，也是揭示文章主题的句子，说明了相互信任才能创造出和谐的美好世界。

清贫，洁白朴素的生活，正是我们革命者能够战胜许多困难的地方！

——《清贫》

作者在结尾处用关键句总结全文，直接表达出自己的感受，再次强调清贫这一品格的意义和价值：只有不追求物质享受、不贪污腐化才有可能获得人民的支持，才能凝聚队伍，才是共产党人战胜困难、克敌制胜的关键。这句话具有画龙点睛、总结全文的作用。

3. 关键语句位于文中

把握文章主题时，通常既要关注文章的起始，又不能忽略文章的结尾。如果在文章首尾处没有揭示作者思想感情的句子，就应将目光转向文章中抒情议论的句子。叙事性作品中的抒情议论是作者传情达意的重要手段，也是作者行文思路上的重点。

典型文本：《天窗》《落花生》《军神》。

文本解析：

夏天阵雨来了时，孩子们顶喜欢在雨里跑跳，仰着脸看闪电，然而大人们偏就不许，“到屋里来啊！”跟着木板窗的关闭，孩子们也就被关在地洞似的屋里了。这时候，小小的天窗是唯一的慰藉。

……

晚上，当你被逼着上床去“休息”的时候，也许你还忘不了月光下的草地河滩。你偷偷地从被子里伸出头来，仰起了脸。这时候，小小的天窗又是你唯一的慰藉！

——《天窗》

天窗是儿童通往想象世界的窗口。孩子们在下雨天不能出门玩耍，了解外界的唯一途径是天窗。到了夜里，精力旺盛的孩子们兴致勃勃却被勒令休息，孩子们只能通过天窗继续开动他们的小脑袋，在对夜色和星空的想象中获得安慰。“这时候，小小的天窗又是你唯一的慰藉”这句与第4自然段“唯一的慰藉”前后照应，再次强调了天窗对孩子心灵起到的抚慰作用，表达了作者对童真的赞美。

父亲接下去说：“所以你们要像花生，它虽然不好看，可是很有用。”

我说：“那么，人要做有用的人，不要做只讲体面，而对别人没有好处的人。”

父亲说：“对。这是我对你们的希望。”

我们谈到深夜才散。花生做的食品都吃完了，父亲的话却深深地印在我的心上。

——《落花生》

这段对话中的父亲之所以要让孩子们讲述花生的作用，目的就是劝诫孩子要“像花生”，与题目“落花生”相呼应，整段对话都是在为文章的中心服务。而“我”接下来的回答回应了父亲借物喻人的本意，说明做人要对他人有益，不能做只讲外表而对别人没有好处的人，赞美了花生一样的品格。

沃克医生惊呆了，大声嚷道：“你是一个真正的男子汉，一块会说话的钢板！你堪称军神！”

——《军神》

在经历了漫长的手术，忍受常人难以忍受的痛苦之后，刘伯承依旧镇定自如，还能分出心神数出医生开刀的刀数。沃克医生备受冲击，不得不大发感慨，把刘伯承比作“会说话的钢板”和“军神”。借由沃克医生之口表达作者对刘伯承的敬佩和赞美之情。

策略三：聚焦线索与详略，整体把握文本

叙事性作品均以论述的事件为线索，从写作过程来看，文章的详略是由作者所要表达的中心思想决定的：突出中心的详写，与中心有关的略写，与中心无关的不写。因此，阅读时聚焦文章叙事的线索、把握文章的详略，可以贴近作者的创作意图，体会作者的思想感情。

典型文本：《为中华之崛起而读书》《难忘的一课》《灯光》《我的伯父鲁迅先生》。

文本解析：

（1）《难忘的一课》。

本文叙述一位船员在一所普通的乡村小学，和孩子们上了一堂语文课，令他终生难忘。文章采用了双线并行的结构方式，明线以事情发展顺序为线，先写“我”在高雄郊外见到一所乡村小学，接着写“我”来到教室窗外，随后写“我”走进教室，再就是参观小礼堂看中国历代伟人像。暗线以“我是中国人，我爱中国！”贯穿全篇。这句话前后出现三次，实际上是全篇的抒情脉络。这句话第一次出现是抗战胜利了，日本军国主义统治垮台了，年轻的台湾教师在教学生学习祖国的语言文字——“我是中国人，我爱中国！”特地选用这一句，充分体现了师生诚挚的爱国之情。

第二次出现这句话，是“我”走进教室，情不自禁地跟着师生一起诵读。“我”长期漂泊异国他乡，时刻怀念祖国，听到师生的朗读仿佛一股热流涌进心中，传达了“我”和师生的共同心声，“我”和师生有着一样的爱国之情。

第三次则是“我”在学校的礼堂里看到中国历代伟人画像取代了日本人后，再次感受到了作为中国人的骄傲，以至于紧紧握住那位台湾教师的手，激动地重复了“我是中国人，我爱中国！”这句话，爱国之情溢于言表。

“我是中国人，我爱中国！”这句话三次出现，贯穿全文，将“我”和台湾师生强烈的民族精神融为一体，表现了作者深厚的爱国情思。

（2）《灯光》。

文章以灯光为线索，用倒叙的方式起笔，由天安门广场的“灯光”写起，回忆革命故事，结尾又回到写“灯光”，形成前后呼应。文章主体部分详写了对往事的回忆，略写了天安门赏景的过程。叙述赏景的过程意在引起对往事的回忆，文中并不做重点刻画。相反在回忆往事时，作者详细刻画了郝副营长“划、点、望、说、靠”等一系列的动作，表现了他对革命胜利充满向往，也为下文郝副营长的牺牲埋下伏笔。

“灯光”在此处不仅是勾起回忆的现实物，也是美好生活的象征物。战斗打响以后，郝副营长为了帮助后续部队找到突破口赢得围歼战，毅然点燃了书暴露坐标而不幸牺牲。战场上燃烧的一星火光点亮了战斗胜利的道路，照亮了新世界。天安门前璀璨的灯光、郝副营长书上插图的灯光和战场上微弱的火光三者联系起来，形成文脉。

四、课程教学设计

（一）教学对象

五、六年级学生。

（二）教学课时

6课时。

（三）教学方式

自主学习（个人批注）、合作学习（小组研讨、全班交流）、探究学习（质疑研讨）、反思学习（反思总结）。

（四）教学流程

任务驱动—个人研读—集体研讨—质疑问难—梳理总结—反思分享。

（五）学习策略

学习预曝光、任务（问题）驱动、学习共同体、学习媒介。

（六）教学实施计划

◆◆ 第一部分　课程导入，课前预曝光 ◆◆

1. 学习预告

教师提前一周在班级教师的公告栏内张贴《学习预告》。

2. 学习准备

《入场券》（表2）。

3. 预学目的

激发学生好奇和期待的心理，使学生为专题学习做好心理准备，并激活学生关于本专题学习的先期知识。

学习预告：叙事性作品中主题理解策略的探究

同学们！在未来的一周里，我们将整合语文教材里的部分课文，在课堂内外展开“叙事作品中主题理解策略的探究”专题学习之旅。这场旅行将经历重重诱惑和挑战，触发脑力激荡的思考极限，体验令人欢欣鼓舞的兴奋和领悟，收获运用自如的成功与自豪……

你准备好了吗？你对“叙事性作品中主题理解的策略”有多少了解？请用心填写《入场券》来接受挑战吧！

敬请期待即将开启的专题探究学习之旅。

——×老师　×月×日

表2 叙事性作品中主题理解策略的探究入场券

姓名：______日期：______

序号	问题呼唤	你的应答
1	请上网查阅什么是文章的主题，说说你的收获	
2	你曾写过的关于母爱的文章，你是用什么方法来表现主题的	
3	回读我们这学期学过的叙事性作品，对于把握这些文章的主题你还有没有疑惑	文章题目：__________ 疑惑：__________

第二部分 教学设计

第一课时

【教学任务】

（1）根据学习预告，讨论理解叙事性作品主题的策略。

（2）阅读学习材料，能根据文章标题正确地筛选和提取关键字词，完成学习媒介1，体会作者的思想感情。

【教学过程】

1. 谈话导入，明确任务

课前，同学们自行查阅了有关“什么是主题”的内容，现在你知道什么是主题了吗？学生交流。

文章不论长短，既然写了，就是要告诉读者一些东西。常言道，“题好一半文”，优秀的作品大多在标题就显露了作者的匠心。

2. 审清题意，领会感情

要走进作者，读者首先要做个有心人。请同学们围绕课题展开研究（表3），思考如何从课题读出作者想要表达的思想感情，并和同学交流阅读体会。

表3　学习媒介1（1）

标题	
“精彩极了”和“糟糕透了”	跨越百年的美丽
慈母情深	谁是最可爱的人
再见了，亲人	青山不老
青山处处埋忠骨	做一个最好的你
军神	难忘的一课
穷人	狼牙山五壮士
珍贵的教科书	我不能失信
将相和	跨越海峡的生命桥
给予是快乐的	小英雄雨来
好汉查理	可贵的沉默
我的想法：________________	
我的同伴的想法：________________ 我从（　）同学那里学到了（　）	

学生交流，小组汇报。

小结：标题是文章的眼睛，它使读者获得总的印象。

3. 捕捉信息，分类整理

文章的标题有学问。抓住标题中的关键字词就是抓住文章的文眼。抓住文眼，就能确定文章的感情基调，理解作者想要表达的思想感情。不同类型的关键字词，在分析课题、捕捉信息方面有不同的作用。完成学习媒介1（2）（表4）。

表4　学习媒介1（2）

标题	关键词（字）	关键字词内涵	类别
“精彩极了”和“糟糕透了”			
慈母情深			
再见了，亲人			

续 表

标题	关键词（字）	关键字词内涵	类别
青山处处埋忠骨			
军神			
穷人			
珍贵的教科书			
将相和			
跨越百年的美丽			
谁是最可爱的人			
青山不老			
做一个最好的你			
难忘的一课			
狼牙山五壮士			
我不能失信			
跨越海峡的生命桥			
小英雄雨来			
可贵的沉默			
给予是快乐的			
好汉查理			

小组汇报，学生交流。

小结：从类别上看，小学阶段叙事性作品中关键字词中主要有以下类别：一是与人物品质有关，如《给予是快乐的》，作者在文中也是针对主人公这一品质进行歌颂赞美的；二是与人物称谓有关，如《小英雄雨来》，文章重点就在于揭示、阐述雨来是如何成为小英雄的；三是修饰性的形容词，这类文章往往集中描绘事物的这一特征，并由此展开适当的联想，以揭示作者的思想感情，如《“精彩极了”和“糟糕透了”》。文章的题目能展现具体的写作内容，并用修辞手法表现主题。所以作者命题时选取的关键字词一定是贴合文章主题思想的。

【作业布置】

从学习媒介1（1）中选取三个题目（分别含有不同类别关键词），根据题目写出对应的文章主题。

第二课时

【教学任务】

（1）根据学习预告，继续讨论叙事性作品中主题理解的策略。

（2）阅读学习材料，能根据文章标题正确地筛选和提取关键句完成学习媒介2，体会作者的思想感情。

【教学过程】

1. 快速阅读，找出关键句

阅读10篇学习材料，画出文章中你认为最能体现作者思想感情的一句话（表5）。

表5　学习媒介3

顺序	文章标题	最能体现作者思想感情的句子	所在位置	哪些词给了你提示
1	天窗		篇首（　） 篇中（　） 篇尾（　）	
2	珍珠鸟		篇首（　） 篇中（　） 篇尾（　）	
3	军神		篇首（　） 篇中（　） 篇尾（　）	
4	通往广场的路不止一条		篇首（　） 篇中（　） 篇尾（　）	
5	月是故乡明		篇首（　） 篇中（　） 篇尾（　）	

续 表

顺序	文章标题	最能体现作者思想感情的句子	所在位置	哪些词给了你提示
6	梅兰芳蓄须		篇首（ ） 篇中（ ） 篇尾（ ）	
7	观潮		篇首（ ） 篇中（ ） 篇尾（ ）	
8	中彩那天		篇首（ ） 篇中（ ） 篇尾（ ）	
9	钓鱼的启示		篇首（ ） 篇中（ ） 篇尾（ ）	
10	落花生		篇首（ ） 篇中（ ） 篇尾（ ）	

指名发言。

小结：文章中能体现作者的喜怒哀乐、褒贬态度及思想倾向等的句子即为理解作品主题的关键句。

2. 集体讨论，初步归类

思考：这些句子能直接体现作者思想感情，表现文章主题吗？有什么办法能快速定位文章主题?

交流分享。

小结：叙事性作品中直接提取表现文章主题的关键句，方法有两种：一是从文章的开头和结尾处发掘，二是从文章的中间寻找有抒情议论的句子。这些不同位置的关键句所起的作用也各不相同。关键句在开头和结尾能让读者更深入、透彻地理解文章内容，进一步领会文章的中心思想。

3. 运用策略，品析关键句

在这一组文章中，学生发现了如果在文章首尾处没有明示作者思想感情的句子，可以留意文章的中间部分。叙事性作品中，抒情的句子用来抒发情感，议论的句子用来表达观点，所以往往有表达作者感受和点明主旨的作用。

再次阅读《天窗》《落花生》《军神》，联系上下文，说一说作者想要表达什么。

交流分享。

【作业布置】

选取两篇文章，根据关键句写出对应的文章主题。

第三课时

【教学任务】

（1）根据学习预告，继续讨论叙事性作品中主题理解的策略。

（2）阅读学习材料，能联系、比较、结合叙事线索和详写事件整体把握文本，理解文本主题。

【教学过程】

1. 回顾方法

在前几节课中，我们运用了哪些方法来解读文章的主题？

指名发言。

小结：通过聚焦标题和聚焦抒情议论的关键语句获得信息，能快速抓住作者想要表达的思想感情，这是同学们在上节课学到的方法。这节课我们继续学习提取作品主题、理解作者思想感情的妙招。

2. 聚焦线索

作者在写作一篇文章的时候一定会按照某种顺序有条理地表达。在表情达意时，会有一定的思维和情感线索体现在文章中。

师：《灯光》这篇文章，你认为它的线索是什么？

生：灯光。

师："灯光"一词贯穿始终，是全文的主要线索。课文开头和结尾描写天安门前的灯光是为了什么？

生1：我觉得是看到天安门前璀璨的灯光，路人才会说"多好啊"，才会引起作者的回忆。

生2：现在我们能够在明亮的灯光底下学习了，而且还有这么璀璨的灯光，郝副营长的愿望实现了。

师：比较开头和结尾描写的不同，我们可以发现开头是为了引出下文的回忆往事，而结尾则点明了开头，形成了首尾照应。这种叙述手法叫作倒叙。作者这样写有什么妙处呢？

生1：让课文的内容相互联系，以一个线索贯穿。

生2：让内容相互照应，联系更加紧凑。

生3：起点题的作用，让题目像珍珠一样闪亮！

师：灯光在文中非常重要，是文章的一条线索。灯光的重复出现，一定有作者的深意。画出文章中描写灯光的句子，想一想灯光可能代表了什么。

学生交流并汇报，教师板书并梳理。

小结：灯光是全文的线索。围绕线索给的材料描写越真实，越能刻画人的精神品格。天安门前璀璨的灯光、郝副营长书上插图的灯光和战场上微弱的火光三者都寄予了革命先烈对革命胜利后美好生活的向往，让人联想到革命先烈为取得革命胜利牺牲自己的牺牲精神。联系作者写作的时间、地点，更有其深意：天安门广场作为开国大典的举行地点，自带庄严肃穆的氛围，在清明节这个传统祭奠先人的节日里，作者漫步在天安门广场，缅怀革命先烈，寄托无限哀思。

3. 聚焦详略

师：回头想一想，同样是描写灯光的句子，你发现它们有什么不同吗？战场上的灯光写得更详细，天安门广场的灯光写得更简略。从文章的布局来看，能不能倒过来，略写郝副营长牺牲的事件，详写天安门赏夜景的部分呢？

小结：略写的事件是为主要事件服务的材料，目的是引出主要事件，或为主要事件做必要的交代、补充，增强主要事件的表现力度。

4. 归纳主题

灯光是全文的线索，不仅勾起回忆，也象征着美好生活。文章详略分明，突出了重点。同学们结合刚才交流中的收获，按格式说一说文章的主题。

（格式：文章歌颂/赞美了______品质，表达作者______的思想感情。）

【作业布置】

完成学习媒介3《叙事性作品中主题理解的专题学习优质报告》。

第四课时（简案）

【教学任务】

根据学习预告，讨论学习媒介3《叙事性作品中主题理解的专题学习优质报告》。

【教学过程】

展示分享：讨论叙事性作品中主题理解的专题学习优质报告（表6）。

表6　叙事性作品中主题理解的专题学习优质报告

姓名：______日期：______

	题目
	作者、班级
在学习本课程之前，我______________________________ ______________________________	发现学习之前存在的问题
最近一周，我们学习了叙事性作品中主题分析的三大策略，分别是______________________________ ______________________________	研究的内容主要是主题理解的三大策略和课堂阅读的叙事性作品
一、聚焦标题，赏析关键词 我们语文五年级下册有篇课文叫《军神》，标题将刘伯承称为“军神”。通过学习，我对标题进行了分析，我知道这种特殊称谓是对主人公极大的褒扬，充满崇敬之意，表明刘伯承具有超乎常人的坚强意志，表达了沃克医生对刘伯承由衷的敬佩和赞叹	举例说明叙事性作品中主题理解的三大策略
二、聚焦关键语句，领悟内在意涵	摘录“学习材料”中的关键语句，再进行分析

续 表

	题目
	作者、班级
三、聚焦线索与详略，整体把握文本	梳理“学习材料”中的叙事线索和文章叙事的详略布局（也可以自选文本），再进行分析
这样的学习，我们是第一次，以往都是一篇课文一篇课文地学习，这次是一组课文放在一起，学习怎么把握文章主题，很有意思。我有了不少收获。例如，____________	我的评价和感想
学完本次微课程后，我想到了一篇文章《　　　》，____________ 这样的方法也可以用到我的写作中，如____________	我的应用： 1. 阅读方面：运用所学方法和策略，自选一篇课外文本，对其主题进行分析解读。 2. 写作方面：将自选的课外文本解读整理成读后感，构思一篇读后感的写作内容和思路
	结尾

【作业布置】

阅读《桃花心木》《安恩与奶牛》，任选一篇完成学习媒介4。

第五课时（简案）

【教学任务】

根据预学报告，分享、讨论学习媒介4的学习情况。

【教学过程】

1. 展示分享

教师在黑板上事先粘贴KWL表格，引导学生进行交流分享。将学生的收获记录在K（我已经知道什么）板块，将学生的疑惑记录在W（我想了解什么）板块。

学习媒介4（表7）：

表7 KWL表格

K（know）我已经知道什么？	W（what）我想知道什么？	L（learned）我学到了什么？

2. 交流分享

共同解决W（我想了解什么）板块的问题。

小组交流：你认为作者在这个故事中想表达什么？你是如何得知的？你用上了哪一种主题分析的阅读策略？

集体分享。

小结：我们可以在文本中发现现实世界的问题，并用文本中学到的知识和道理反思我们自己的人生。

3. 总结回顾

读完这个故事后，你学到了什么？在交流之后，你还有什么新看法吗？把你的感受用KWL表格记录下来。

【作业布置】

完成学习媒介5。

第六课时（简案）

【教学任务】

根据预学报告，分享、讨论学习媒介5。

【教学过程】

1. 回顾总结

通过专题学习最大的收获是什么？

2. 学生分享

交流学习收获和学习困惑。

3. 推荐专题课程学习之星

组内分享交流TELL成长日志。

自荐或他荐TELL成长日志进行班级分享交流。

评选出“最佳课程学习之星”（表8），并说明理由。

表8 “最佳课程学习之星”评价表

一颗星星：我很喜欢__________
一个愿望：你为什么不试试__________
一个想法：这部分让我想到了__________

五、附录（课程实施反思、学生作品展示）

1. 课程实施反思

（1）学情预设反思（含教学设计与教学目标是否吻合）。

____

____

（2）课程设计反思（含教学设计和教学目标是否吻合）。

____

____

____

（3）教学实施反思（含成功之处、不足之处、教学灵感和再教设计等）。

____

____

____

2. 学生过程性作业展示

（1）《叙事性作品中人物形象刻画手法的探究专题学习报告》。

（2）学生作业展示。

小学童话作品中夸张手法的探究

课程开发者：康玲　李敏
课程实施者：康玲

一、课程设计说明

语文教学要注重语言的积累、感悟和运用，让学生在发展语言能力的同时，发展思维能力，能主动进行探究性学习，激发想象力和创造潜能，在实践中学习和运用语言。

童话是小学阶段很受学生欢迎的文本形式，通过丰富的想象和夸张来塑造形象、反映生活，语言通俗、生动，故事情节往往离奇曲折、引人入胜。夸张是文学作品中常用的艺术手法，但童话作品中的夸张不同于其他文学形式，它是从内容到形式的全面夸张，无论是人物的刻画，还是环境气氛的描绘、故事情节的发展，都是极度夸张。夸张是用言过其实的方法，突出事物的本质，加强作者的感情体会，烘托气氛，引起读者丰富的想象和强烈共鸣。夸张还能增强童话的幽默感和趣味性。童话如果缺少夸张，就会失去光彩。

通过学习以及广泛阅读，学生对童话这一文体已有一定的认识，知道了童话的基本特点，并能创编简单的童话故事。但学生对童话夸张手法的类型及表达效果缺乏深度的认识，缺少将夸张手法恰当地运用于作文中的能力，很多学生要么天马行空地想象，缺少逻辑性；要么只会为了博得读者的笑声而滥用夸张，流于肤浅和庸俗。

为促进学生对童话夸张手法的深度学习，笔者将中外经典的童话作品进行整合，引领学生对童话的夸张手法进行专题学习，旨在让学生通过自主学习、探究学习、合作学习、反思学习，深刻领悟夸张手法在童话故事中的表达效果，并能学以致用。

二、课程目标说明

1. 认知领域

（1）学生能够自主分析、理解夸张手法运用的表达效果。

（2）学生能够通过编写童话来加深对夸张手法表达效果的理解。

2. 人际领域

（1）学生通过小组交流活动、自主展示活动、反思质疑环节，学会倾听、表达，学会接纳、尊重。

（2）学生通过对夸张手法在童话故事中表达作用的归类、研讨，学会合作。

3. 自我领域

（1）学生通过自主批注学习材料、反思学习结果、填写TELL成长日志与专题学习报告等学会学习，学会自我反思与提升，培养自信。

（2）学生通过对本课程的学习，养成好学、善思、乐于探究的学习态度和情感。

三、课程内容说明

小学语文人教版和部编版教材中有多篇童话故事，本课程重点选取突出运用夸张手法的经典童话故事文本进行研读，引导学生对童话夸张手法的形式和表达效果进行深度学习。

1. 童话环境虚幻的夸张

童话故事中对环境的描写可以假设，冲破时间、空间的限制，形成亦虚亦实、亦幻犹真的境界。作者对虚幻的环境进行大胆夸张的描写，起着渲染气氛、烘托人物性格、为故事发展做铺垫等作用。

典型文本：《七颗钻石》《巨人的花园》。

文本解析：

很久很久以前，在地球上发生过一次大旱灾：所有的河流和水井都干涸了，草木丛林也都干枯了，许多人及动物都焦渴而死。

——《七颗钻石》

这句话对旱灾后的环境进行夸张描写，“所有”和三个“都”字逐层深入地写出旱灾的情景，先是河流和水井干涸，然后是草木丛林干枯，最后是人和动物焦渴而死，作者运用反复的手法夸张地强调了旱灾极其严重。这句话放在故事的开头，交代了故事发生的背景，渲染了气氛，为后文人和动物对水的极度渴望埋下了伏笔。

不久，北风呼啸，隆冬来临，刺骨的寒风吹起雪花。巨人孤独地度过了漫长的严冬。春天终于来了，村子里又开出美丽的鲜花，不时传来小鸟的欢叫。但不知为什么，巨人的花园里仍然是冬天，天天狂风大作，雪花飞舞。巨人裹着毯子，还瑟瑟发抖。他想：“今年的春天为什么这么冷，这么荒凉呀……”

——《巨人的花园》

这段话对巨人的花园进行了虚幻环境的夸张描写。春天来了，村子里鸟语花香，而巨人的花园“狂风大作、雪花飞舞、冷、荒凉”，从“但”“为什么”“仍然”等词可以看出巨人的疑惑不解。这里把村里和巨人的花园呈现的不同景象进行对比，冲破了时间、空间的限制，形成一实一虚的景象，烘托出巨人内心的孤独。这段话放在课文的中间，为下文巨人意识到自己的错误做铺垫。

2. 童话形象的夸张

童话故事形象分为超人体形象、拟人体形象、常人体形象三种类型，作者经过夸张来塑造艺术形象，往往对主人公的外貌、语言、遭遇进行极度的夸张描述，使读者对童话形象有鲜明深刻的印象，并产生更强烈的震撼。这些形象接近现实生活，使读者容易理解，更容易产生共鸣。

典型文本：《丑小鸭》《渔夫的故事》。

文本解析：

丑小鸭来到世界上，除了鸭妈妈，谁都欺负他。哥哥、姐姐咬他，公鸡啄他，连养鸭的小姑娘也讨厌他。丑小鸭感到非常孤单，就钻出篱笆，离开了家。

丑小鸭来到树林里，小鸟讥笑他，猎狗追赶他。他白天只好躲起来，到了晚上才敢出来找吃的。

——《丑小鸭》

这是对丑小鸭悲惨遭遇的夸张描写。故事塑造了“丑小鸭”这个拟人体形象，通过“讨厌”“孤单”“讥笑”等富有感情色彩的词语写出丑小鸭离家前后受到的不公待遇。关联词“除了……都……”“连……也……”“只好……才……”和动词“咬”“啄”“追赶”“躲”的运用是通过具体事例来突出丑小鸭的境遇悲惨，这样写激发了读者对丑小鸭的深切同情，使丑小鸭的形象在读者脑海中留下鲜明深刻的印象。

隔一会儿，瓶里冒出一股青烟，飘飘荡荡地升到空中，继而弥漫在大地上，逐渐凝成一团，最后变成个巨大的魔鬼，**披头散发**，高高地耸立在渔夫面前。魔鬼**头像堡垒**，**手像铁叉**，**腿像桅杆**，**口像山洞**，**牙齿像白石块**，**鼻孔像喇叭**，**眼睛像灯笼**，样子非常凶恶。

——《渔夫的故事》

这段话对魔鬼的外貌进行了极度的夸张描述，先总写魔鬼的外形“巨大”“披头散发”，然后把它身体的各个部位“头、手、腿、口、牙齿、鼻孔、眼睛”依次比作“堡垒、铁叉、桅杆、山洞、白石块、喇叭、灯笼”，七个比喻构成排比句式，运用夸张的手法具体生动地表现了魔鬼凶恶的样子。

“你要知道，”魔鬼说，“我是个**无恶不作**的凶神，曾经跟所罗门作对，他派人把我捉去，装在这个胆瓶里，用锡封严了，又盖上印，投到海里。我在海里待着，在第一个世纪里，我常常想：‘谁要是在这个世纪里解救我，**我一定报答他**，使他终身享受荣华富贵。’100年过去了，没有人来解救我。第二个世纪开始的时候，我说：‘谁要是在这个世纪里解救我，**我一定报答他**，把全世界的宝库都指点给他。’可是没有人来解救我。第三个世纪开始的时候，我说：‘谁要是在这个世纪里解救我，**我一定报答他**，满足他的三种愿望。’可是整整过了400年，始终没有人来解救我。我非常生气，我说：‘从今以后，谁要是来解救我，**我一定要杀死他**，不过允许许他选择怎样死。’渔夫，现在你解救了我，所以我叫你选择你的死法。”

——《渔夫的故事》

这段话是对魔鬼语言的夸张描写，“无恶不作”说明了他被关进胆瓶投进海里的原因，奇特的经历令人匪夷所思。魔鬼叙述自己被关进胆瓶后四个世纪的想法，从前三个世纪的“我一定报答他”到第四世纪的“我一定要杀死他”

可以看出魔鬼虚伪凶残的本性。这段话形象地塑造了魔鬼狡猾无耻之极的夸张形象。

3. 童话情节离奇的夸张

情节离奇是童话最重要的特点。故事中往往不只某一处情节夸张，多处情节甚至全篇的构思都很离奇夸张。由于其幻想是建立在完全荒诞的氛围中的，所以不可思议的情节也就顺理成章，变得非常有趣。童话作品越离奇、越荒诞、越陌生，就越能激发小读者的阅读热情。

典型文本：《七颗钻石》《小木偶的故事》《我变成了一棵树》。

文本解析：

小姑娘把水罐带回家，交给了母亲，母亲说："我反正就要死了，还是你自己喝吧。"又把水罐递给小姑娘。就在这**一瞬间**，水罐**又从银的变成了金的**。这时，小姑娘再也忍不住，正想凑上水罐去喝的时候，突然从门外走进来一个过路人，要讨水喝。小姑娘咽了一口唾沫，把水罐递给了这过路人。这时**突然**从水罐里**跳出了七颗钻石**，接着从里面**涌出了一股巨大的清澈而新鲜的水流**。

那七颗钻石越升越高，升到了天上，变成了七颗星星。

——《七颗钻石》

这两段话对水罐的离奇变化进行极度的夸张描写。从"一瞬间""突然"可以看出水罐的变化之快，从"又从银的变成金的""从水罐里跳出了七颗钻石，接着从里面涌出了一股巨大的清澈而新鲜的水流""那七颗钻石越升越高，升到了天上，变成了七颗星星"这些句子可以体会到水罐变化的神奇。这是故事最感人、夸张的部分，水罐的一次次变化体现出爱心的神奇力量，揭示了故事的主旨。

蓝鼻子小女巫就在这时候赶来了。她能**用鼻子闻出空气中的伤心味儿**。

"你头疼，是吗？"小女巫问。

"是，而且越来越疼了。"小木偶可怜巴巴地说。

"那是因为你很伤心，却不会哭。"

"哇——"小木偶放声大哭起来。

慢慢地，小木偶不再伤心了，脑袋也不疼了。

“小木偶，我把人类所有的表情都送给你。”小女巫说完，又用**魔杖**在小木偶的脑袋上**点了几下**。

现在，小木偶会哭，会笑，会生气，会着急，也会向别人表示同情和关心了。

——《小木偶的故事》

这部分夸张地描写了小木偶多次遭受误解后得到蓝鼻子小女巫帮助的奇特经历。蓝鼻子小女巫能“用鼻子闻出空气中的伤心味儿”，用“魔杖”在小木偶的脑袋上“点了几下”，就让小木偶获得了人类的所有表情。文中蓝鼻子小女巫的出现以及语言、动作的描写让故事情节显得荒诞离奇，也为学生续编故事奠定了基础。

我真希望变成一棵树，这样就没人在你玩的时候叫你吃饭了。我**心里想着，就觉得身上痒痒的**，低头一看，发现许多小树枝正从我身上冒出来。呀，我**真的**变成了一棵树！

你猜，我变得树上会长什么？当然不是苹果啦，梨也不对——对了，鸟窝！

我变得树上**长满了各种形状的鸟窝**：三角形的、正方形的，还有长方形的、圆形的、椭圆形的、菱形的……风一吹，它们就在枝头跳起了舞。

——《我变成了一棵树》

这三段话写了“我”希望变成树就马上变成了树的夸张过程。作者以第一人称来叙述故事，主要描写了“我”的心理活动。“我”心里还在想，身上就痒痒的，长出了许多小树枝。从“冒”字可看出树枝生长的速度很快、很突然，从“真的”可以看出这变化出乎“我”的意料。“我”变的树上“长满了各种形状的鸟窝”，它们会在枝头随风跳舞，多么奇妙的体验！故事构思新奇，通过这样的夸张描写表现了一个贪玩的孩子的正常心理和丰富的想象力，充满童趣，引起读者更多的阅读期待。

四、课程教学设计

（一）教学对象

六年级学生。

（二）教学课时

7课时。

（三）教学方式

自主学习（个人批注）、合作学习（小组研讨、全班交流）、探究学习（质疑研讨）、反思学习（反思总结）。

（四）教学流程

个人批注—集体研讨—质疑问难—学以致用—展示分享—反思总结。

（五）学习策略

学习预曝光、任务（问题）驱动、学习共同体、学习媒介。

（六）课程实施计划

第一部分　课程导入，课前预曝光

1. 做法

教师提前一周安排学习《学习预告》和《入场券》（表1）。

2. 目的

激发学生好奇和期待的心理，使学生为专题学习做好心理准备，并激活学生关于专题学习的有关先期知识。

学习预告：童话作品中夸张手法的探究

同学们，你们一定喜欢读童话故事吧！在未来的一周里，我们将整合中外经典童话故事，在课堂内外展开“童话作品中夸张手法的探究”专题学习之旅。这场旅行将经历重重诱惑和挑战，触发脑力激荡的思考极限，体验令人欢欣鼓舞的兴奋和领悟，收获运用自如的成功与自豪……

你准备好了吗？你对“童话故事”了解多少？请用心填写《入场券》来接受挑战吧！敬请期待即将开启的专题学习之旅。

——×老师　×月×日

表1　童话作品中夸张手法的探究入场券

姓名：______日期：______

序号	问题呼唤	你的应答
1	你最喜欢读的童话故事有哪些？你知道童话故事有什么特点吗？	1. 2.
2	你知道童话中的夸张具体表现在哪些方面吗？有怎样的表达效果？	1. 2. 3.
3	你对“童话作品中夸张手法的运用”存在哪些疑问？请用“※”标记出你最想了解的一点	1. 2.
4	回读自己写过的童话故事，看看是否运用了恰当的夸张手法？说说理由	用过（　）没用过（　） 理由：
5	分享一篇你搜集到的童话运用夸张手法的文段（注意标明信息来源）	文段： 选自：

◆◆ 第二部分　教学设计 ◆◆

第一课时（详案）

【教学任务】

（1）回顾童话特点，聚焦夸张手法，归纳童话夸张手法的类型。

（2）研读《语文深度学习学生用书》第二板块学习材料，小组合作学习交流。

（3）赏析童话环境虚幻的夸张手法，理解童话环境夸张的表达效果。

【教学过程】

（一）结合预告单交流讨论，揭示学习主题

1. 回顾童话特点，聚焦夸张手法

童话是一种文学体裁，通过丰富的幻想和夸张、象征、拟人的手法塑造形象，反映生活，对儿童进行思想教育。

2. 明确“夸张”概念，了解表达效果

（1）质疑：什么是夸张？交流后小结：夸张是为了达到某种表达效果，对事物的形象、特征、作用、程度等有意夸大或缩小的修辞方式。

（2）对比一般文学作品的夸张和童话中的夸张。例如，李白的《望庐山瀑布》中“飞流直下三千尺，疑是银河落九天”，夸张形象地描绘了庐山瀑布雄奇壮丽的景色，抒发了诗人对祖国大好河山的无限热爱。而童话作品中的夸张是内容和形式的极致夸张，可以使大的更大、小的更小、美的更美、丑的更丑、蠢的更蠢、好的更好，产生奇特滑稽的艺术效果，加深读者的印象。

3. 归纳夸张类型，引导深入探究

从内容上分，童话分为整体夸张和局部夸张。从形式上分，童话运用夸张手法体现在主人公形象的夸张、情节离奇的夸张、环境虚幻的夸张等方面。这次主题学习，我们将对童话的夸张手法进行深入探究，了解不同形式的夸张在童话故事中的表达效果，并能学以致用。这节课，我们重点品析童话环境虚幻的夸张。

（二）研读材料，小组合作学习填写表格

默读《语文深度学习学生用书》第二板块学习材料，小组合作完成学习媒介1（表2）。

表2　童话环境虚幻的夸张运用

夸张类型	故事题目	描写的环境或景物	关键词语	描写手法	这样写的好处	学习收获或疑问

（三）展示交流，赏析童话环境虚幻的夸张

1. 汇报交流

学习材料中的文段分别选自童话《七颗钻石》和《巨人的花园》，这两个童话都运用了夸张的手法对环境虚幻进行描写。

2. 品析文段

案例1：

很久很久以前，在地球上发生过一次大旱灾：所有的河流和水井都干涸了，草木丛林也都干枯了，许多人及动物都焦渴而死。

——《七颗钻石》

1. 问题设计

（1）故事发生在什么时候？句中描写了什么样的场景？

（2）你从哪些词语感受到作者夸张的描写？用了什么表现手法？

（3）这句话在故事的什么地方？

（4）这样写有什么作用呢？

2. 交流小结

“很久很久以前”是故事常用的开头，表明故事发生的时间是虚构的。这句话对旱灾后的环境进行夸张描写，“所有”和三个“都”字逐层深入地写出旱灾的情景：先是河流和水井干涸，然后是草木丛林干枯，最后是人和动物焦渴而死。作者运用反复的手法夸张地强调了旱灾极其严重。这句话放在故事的开头，交代了故事发生的背景，渲染了气氛，为后文人和动物对水的极度渴望埋下了伏笔。

案例2：

不久，北风呼啸，隆冬来临，刺骨的寒风吹起雪花。巨人孤独地度过了漫长的严冬。春天终于来了，村子里又开出美丽的鲜花，不时传来小鸟的欢叫。但不知为什么，巨人的花园里仍然是冬天，天天狂风大作，雪花飞舞。巨人裹着毯子，还瑟瑟发抖。他想：“今年的春天为什么这么冷，这么荒凉呀……”

——《巨人的花园》（人教版第7册）

1. 问题设计

（1）文中让你觉得最夸张的是什么？从哪些词语可以体会出来？

（2）假设你是巨人，你的心情怎样？

（3）文中作者采用了什么表现手法？这样写有什么好处？

2. 交流小结

这段话对巨人的花园进行了虚幻的环境夸张描写。春天来了，村子里鸟语花香，而巨人的花园“狂风大作、雪花飞舞、冷、荒凉”，从“但”“为什么”“仍然”等词可以看出巨人的疑惑不解。这里把村里和巨人的花园呈现的不同景象进行对比，冲破了时间、空间的限制，形成一实一虚的景象，烘托出巨人内心的孤独。这段话放在课文的中间，为下文巨人意识到自己的错误做铺垫。

（四）总结升华

童话故事中对环境的描写可以冲破时间、空间的限制，形成亦虚亦实、亦幻犹真的境界。作者对虚幻的环境进行大胆夸张的描写，往往起着渲染气氛、烘托人物特点的作用。

【作业布置】

课外阅读其他童话故事，搜集一个运用童话环境虚幻的夸张手法的文段，完成学习媒介1。

第二课时

【教学目标】

深度赏析童话形象的夸张手法，理解童话形象的夸张运用的表达效果。

【教学过程】

（一）作业反馈

交流学习媒介1的作业情况，师生共同倾听、讨论、质疑、补充，达成基本的共识。

（二）研读材料

《语文深度学习学生用书》第二板块的材料，小组合作完成学习媒介2（表3）。

表3　童话形象的夸张运用

夸张类型	故事题目	故事主人公	描写手法	关键词语	主人公特点	这样写的好处	学习收获或疑问

（三）展示分享，集体研讨

（1）学习材料中的文段分别选自童话《丑小鸭》和《渔夫的故事》，这两个童话都运用了夸张的手法对童话形象进行塑造。

（2）这三段话分别通过外貌、语言、动作来刻画童话形象。

（四）品析童话形象

以《渔夫的故事》为例深入品析童话形象的夸张。

隔一会儿，瓶里冒出一股青烟，飘飘荡荡地升到空中，继而弥漫在大地上，逐渐凝成一团，最后变成个巨大的魔鬼，披头散发，高高地耸立在渔夫面前。魔鬼头像堡垒，手像铁叉，腿像桅杆，口像山洞，牙齿像白石块，鼻孔像喇叭，眼睛像灯笼，样子非常凶恶。

——《渔夫的故事》

1. 问题设计

（1）这是对魔鬼的什么进行描写？

（2）文中从哪些方面介绍魔鬼的外形？

（3）原文和缩减版对比，哪种表达效果好？为什么？

缩减：隔一会儿，瓶里冒出一股青烟，飘飘荡荡地升到空中，继而弥漫在大地上，逐渐凝成一团，最后变成个巨大的魔鬼，披头散发，高高地耸立在渔夫面前，样子非常凶恶。

2. 交流小结

这段话对魔鬼的外貌进行了具体夸张的描述。先总写魔鬼的外形“巨大、披头散发”，然后把它身体的各个部位“头、手、腿、口、牙齿、鼻孔、眼睛”依次比作“堡垒、铁叉、桅杆、山洞、白石块、喇叭、灯笼”，七个比喻构成排比句式，运用夸张的手法具体生动地表现了魔鬼凶恶的样子。

（五）总结升华

童话故事形象分为超人体形象、拟人体形象、常人体形象三种类型，作者通过夸张来塑造形象，往往对主人公的外貌、语言、遭遇进行极度的夸张描述，使读者对童话形象有鲜明深刻的印象，并产生更强烈的震撼。

【作业布置】

课外阅读其他童话故事，搜集一个运用童话形象的夸张手法的文段，完成学习媒介3。

第三课时（详案）

【教学目标】

深度赏析童话情节的夸张手法，理解童话情节的夸张手法运用的表达效果。

【教学过程】

（一）作业反馈

指名汇报学习媒介2的作业情况，师生共同倾听、讨论、质疑、补充，达成基本的共识。

（二）研读材料

研读《语文深度学习学生用书》第二板块的材料，小组合作完成学习媒介3（表4）。

表4　童话情节离奇的夸张运用

夸张类型	故事题目	出乎意料的情节	关键词语	描写方法	这样写的好处	学习收获或疑问

（三）集体研讨，赏析童话情节的夸张

1. 品析《七颗钻石》

小姑娘把水罐带回家，交给了母亲，母亲说："我反正就要死了，还是你自己喝吧。"又把水罐递给小姑娘。就在这一瞬间，水罐又从银的变成了金的。这时，小姑娘再也忍不住，正想凑上水罐去喝的时候，突然从门外走进来一个过路人，要讨水喝。小姑娘咽了一口唾沫，把水罐递给了这过路人。这时突然从水罐里跳出了七颗钻石，接着从里面涌出了一股巨大的清澈而新鲜的水流。

那七颗钻石越升越高，升到了天上，变成了七颗星星。

——《七颗钻石》

（1）交流文中最出乎意料的情节，你从哪些词句可以感受到夸张？

这两段话对水罐的变化进行极度的夸张描写。从“一瞬间”“突然”可以体会到水罐的变化之快，从“又从银的变成金的”“从水罐里跳出了七颗钻石，接着从里面涌出了一股巨大的清澈而新鲜的水流”“那七颗钻石越升越高，升到了天上，变成了七颗星星”这些句子可以体会到水罐变化的神奇。

（2）作者这样写可以达到怎样的表达效果？

这是故事最感人、夸张的部分，水罐的一次次变化体现出爱心的神奇力量，揭示了故事的主旨。

2. 品析《小木偶的故事》

蓝鼻子小女巫就在这时候赶来了。她能用鼻子闻出空气中的伤心味儿。

“你头疼，是吗？”小女巫问。

“是，而且越来越疼了。”小木偶可怜巴巴地说。

“那是因为你很伤心，却不会哭。”

“哇——”小木偶放声大哭起来。

慢慢地，小木偶不再伤心了，脑袋也不疼了。

“小木偶，我把人类所有的表情都送给你。”小女巫说完，又用魔杖在小木偶的脑袋上点了几下。

现在，小木偶会哭，会笑，会生气，会着急，也会向别人表示同情和关心了。

——《小木偶的故事》

（1）文中让你觉得最夸张的地方在哪里？你从哪些词句体会到夸张？

文中蓝鼻子小女巫的出现以及对她的语言、动作描写让人感到夸张离奇。蓝鼻子小女巫能“用鼻子闻出空气中的伤心味儿”，她了解小木偶的烦恼，用

“魔杖”在小木偶的脑袋上“点了几下”，小木偶便获得了人类的所有表情和表达感情的正确方式。

（2）忆一忆小木偶之前的遭遇，造成小木偶被误解的原因是什么？

老木匠在小木偶的脸上添了一个笑嘻嘻的表情，小木偶因为只会笑而受熊警官冤枉，遭小兔子误解，被老婆婆怀疑。

（3）编一编小女巫赋予小木偶所有的表情后会发生什么故事。

学生发挥想象说一说。资料补充：《小木偶的故事》原题为《木偶的眼泪·外二篇》，后来入选《2002中国年度最佳童话》，改名为《小木偶的故事》，里面包含三篇童话故事：《只有笑是远远不够的》《我不是一段普通的木头》和《我喜欢做我自己》。课文是根据《只有笑是远远不够的》改编的。

（4）想一想故事这样写有什么好处？

这部分是故事情节的一个转折，写出了小女巫对小木偶的帮助，使小木偶获得了人类的所有表情和表达感情的正确方式，为续编故事奠定了基础，并激发了读者阅读后两篇故事的兴趣。

3. 品析《我变成了一棵树》

> 我真希望变成一棵树，这样就没人在你玩的时候叫你吃饭了。我心里想着，就觉得身上痒痒的，低头一看，发现许多小树枝正从我身上冒出来。呀，我真的变成了一棵树！
>
> 你猜，我变的树上会长什么？当然不是苹果啦，梨也不对——对了，鸟窝！
>
> 我变的树上长满了各种形状的鸟窝：三角形的、正方形的，还有长方形的、圆形的、椭圆形的、菱形的……风一吹，它们就在枝头跳起了舞。
>
> ——《我变成了一棵树》

（1）交流：作者采用了什么描写方法来叙述故事？文中让你觉得最夸张的是什么？

作者以第一人称叙述故事，描写了“我”的心理活动。文中最夸张的是“我”希望变成树就马上变成了树。心里还在想，身上就痒痒的，长出了许多小树枝。

（2）你从哪些词语体会到强烈的夸张？

从“冒”字可看出树枝生长的速度很快、很突然，从“真的”可以看出这变化出乎“我”的意料。“我”变的树上“长满了各种形状的鸟窝”，它们会在枝头随风跳舞，多么奇妙的体验！

（3）这样写有什么好处呢？

故事构思新奇，通过这样的夸张描写表现了一个贪玩的孩子的正常心理和丰富的想象力，充满童趣，引起读者更多的阅读期待。

（四）总结提升

情节离奇是童话最重要的特点。故事中往往不只某一处情节夸张，多处情节甚至全篇的构思都很离奇夸张。由于其幻想是建立在完全荒诞的氛围中的，所以不可思议的情节也就顺理成章，变得非常有趣。童话作品越离奇、越荒诞、越陌生，就越能激发小读者的阅读热情。

【作业布置】

根据教师提供的写作框架，完成专题学习研究报告。

学习媒介4：

1. 写作内容（表5）

表5　童话夸张手法的探究专题报告（框架）

总述	
第一部分：童话夸张手法的三种形式赏析	环境虚幻的夸张：表达效果+举例分析 故事形象的夸张：表达效果+举例分析 情节离奇的夸张：表达效果+举例分析
第二部分：我的评价和感想	思考（想表达的观点）
第三部分：我的应用计划	1. 阅读方面：运用所学方法，自选一篇童话故事进行分析解读。 2. 写作方面：运用夸张手法，创编童话或修改以前的习作。 3. 表演方面：选择自己创编的童话故事演绎。 4. 其他

2. 构建提纲，开始写作（表6）

表6　童话夸张手法的探究专题报告

	题目
	作者、班级
在学习本课程之前，我______________________ ______________________	发现学习之前存在的问题
最近一周，我们学习童话夸张手法的主要表现形式，分别是______________________ ______________________	研究的内容是童话夸张手法的主要表现形式及其表达效果
一、童话环境虚幻的夸张	举例分析童话夸张手法的形式特点，抓住关键词句体会其表达效果。（例子可以是学习材料中的文本，也可以是课外的文本）
童话故事中对环境的描写可以假设，冲破时间、空间的限制，形成亦虚亦实、亦幻犹真的境界。我们三年级学过童话《七颗钻石》，第一自然段就对旱灾后的环境进行夸张描写，“所有”和三个“都”字逐层深入地写出旱灾的情景，交代了故事发生的背景，为后文人和动物对水的极度渴望埋下伏笔，起到了渲染气氛的作用	
二、童话形象的夸张	
三、童话情节离奇的夸张	
这样的学习，我们是第一次，以往都是一篇一篇地学习童话，这次是一组童话放在一起进行归类学习，很有意思，我有了不少收获。例如，______________________ ______________________	我的评价和感想

续 表

	题目
	作者、班级
学完本次微课程后，我想到了一篇童话《　　　》，这样的方法也可以用到我的写作中，如 ______________________________ ______________________________	我的应用： 1. 阅读方面：运用所学方法，自选一篇童话故事，对其夸张手法运用的类型进行分析解读。 2. 写作方面：运用夸张手法，创编童话或修改以前的习作。 3. 表演方面：选择自己创编的童话故事进行演绎
	结尾

第四课时

【教学目标】

研究报告评析及完善。

【教学过程】

（1）小组内交流研究报告。

（2）全班交流优质研究报告，师生共同倾听、讨论、质疑、补充。

（3）修改完善研究报告。

【作业布置】

阅读课外经典童话故事，体会故事中运用的夸张形式及其表达效果。

第五课时

【教学目标】

（1）拓展学习，品鉴课外童话作品。

（2）指导运用，明确习作要求。

【教学过程】

1. 品鉴课外经典童话作品《七色花》

（1）学生自主阅读故事，完成学习媒介5（表7）。

表7　阅读故事读书记录表

童话题目	夸张形式	典型片段（从……到……）	关键词语	描写方法	表达效果	学习收获或疑问
	1.______ 2.______	1.____________ 2.____________				

（2）小组交流讨论。

（3）集体研讨。

2. 问题探讨，明确写作要求

（1）出示一篇学生的范文（夸张手法运用不当）。

（2）评价：这篇习作中的夸张手法运用是否恰当？为什么？

（3）明确写作要求。在创作童话故事时运用夸张手法要注意以下几点：

① 童话中的主人公形象要抓住特征来塑造，拟人体形象要符合动植物的特征。

② 童话的夸张一定要突出事物的本质。脱离事物本质的夸张只能让人感到荒诞、不可信，也就失去了童话的教育意义。

③ 童话中夸张手法运用的形式可以多样，不同的夸张形式要相互作用，这样会使童话内容更加充实、更加生动有趣。

【作业布置】

运用合适的夸张手法创编童话故事或修改以前的习作。

第六课时

【教学目标】

通过对习作的评价、修改，在运用中进一步探究童话的夸张手法。

【教学过程】

（1）小组讨论，互相修改习作，根据学习媒介6《童话夸张手法运用的习作评价表》，完成自评、他评。

（2）小组推选优秀习作，上台分享，其余学生现场点评。

【作业布置】

完成学习媒介7：TELL成长日志。

第七课时

【教学准备】

学习媒介7：TELL成长日志。

【教学目标】

回顾、总结、梳理本课程的学习经历，学生能够对教学过程、学习体验、学习策略以及学习结果进行自我反思、自我评价。

【教学过程】

（1）组内分享交流TELL成长日志。

（2）自荐或他荐TELL成长日志进行班级分享交流。

（3）评选出“最佳课程学习之星”，并说明理由。

五、附录（课程实施反思、学生作品展示）

1. 课程实施反思

（1）课前预测（含教学设计与教学目标是否吻合）。

（2）课中课后的反思（含成功之处、不足之处、教学灵感和再教设计等）。

2. 学生作品展示

（1）“童话夸张手法的探究”专题学习报告。

（2）学生作品展示。

① 优秀童话故事读后感。

____

____

____

② 学生优秀习作。

____

____

____

③ 童话演绎图片集锦。

____

____

____

3. 附学习媒介

学习媒介1（表8）：

表8　学习专题：童话夸张手法的探究入场券

姓名：______日期：______

序号	问题呼唤	你的应答
1	你读过哪些童话故事？你知道童话故事有什么特点吗？	1.________ 2.________
2	你知道童话中的夸张具体表现在哪些方面吗？达到了怎样的表达效果？	1.________ 2.________ 3.________
3	你对“童话夸张手法的运用”存在哪些疑问？请用※标记出你最想了解的一点	1.________ 2.________
4	回读自己写过的童话故事，看看是否运用恰当的夸张手法？说说理由	用过（　）没用过（　） 理由：________
5	分享一段你搜集到的“童话运用用夸张手法”的文段。（注意标明信息来源）	文段：________ 选自：________

学习媒介2（表9）：

表9　夸张型故事的读书记录表（1）

夸张类型	故事题目	描写的环境或景物	关键词语	描写手法	这样写的好处	学习收获或疑问

学习媒介3（表10）：

表10　夸张型故事的读书记录表（2）

夸张类型	故事题目	故事主人公	描写手法	关键词语	主人公特点	这样写的好处	学习收获或疑问

学习媒介4（表11）：

表11　夸张型故事的读书记录表（3）

故事题目	夸张形式	典型片段（从……到……）	关键词语	描写方法	表达效果	收获或疑问
	1.______ 2.______	1.______________ 2.______________				

学习媒介5（表12）：

表12　童话夸张手法的探究专题报告（框架）

总述	
第一部分：童话夸张手法的三种形式赏析阐述	环境虚幻的夸张：表达效果+举例分析 故事形象的夸张：表达效果+举例分析 情节离奇的夸张：表达效果+举例分析
第二部分：我的评价和感想	思考（想表达的观点）
第三部分：我的应用计划	1. 阅读方面：运用所学方法，自选一篇童话故事进行分析解读。 2. 写作方面：运用夸张手法，创编童话或修改以前的习作。 3. 表演方面：选择自己创编的童话故事演绎。 4. 其他

学习媒介6（表13）：

表13　童话夸张手法的探究专题报告

	题目
	作者、班级
在学习本课程之前，我____________________ ______________________________	发现学习之前存在的问题
最近一周，我们学习童话夸张手法的主要表现形式，分别是____________________ ______________________________	研究的内容是童话夸张手法的主要表现形式及其表达效果
一、童话环境虚幻的夸张	举例分析童话夸张手法的形式特点，抓住关键词句体会其表达效果。（例子可以是学习材料中的文本，也可以是课外的文本）
童话故事中对环境的描写可以假设，冲破时间、空间的限制，形成亦虚亦实、亦幻犹真的境界。我们三年级学过童话《七颗钻石》，第一自然段就对旱灾后的环境进行夸张描写，“所有”和三个“都”字逐层深入地写出旱灾的情景，交代了故事发生的背景，为后文人和动物对水的极度渴望埋下伏笔，起到了渲染气氛的作用	
二、童话形象的夸张	
三、童话情节离奇的夸张	
这样的学习，对于我们是第一次，以往都是一篇一篇地学习童话，这次是一组童话放在一起，进行归类学习，很有意思，我有了不少收获。比如说，____________ ______________________________ ______________________________ ______________________________ ______________________________	我的评价和感想

续 表

	题目
	作者、班级
学完本次微课程后，我想到了一篇童话《　　　　》，这样的方法也可以用到我的写作中，比如____	我的应用： 1. 阅读方面：运用所学方法，自选一篇童话故事，对其夸张手法运用的类型进行分析解读。 2. 写作方面： 运用夸张手法，创编童话或修改以前的习作。 3.表演方面：选择自己创编的童话故事进行演绎
	结尾

学习媒介7（表14）：

表14　童话夸张手法的运用拓展练习表

课外查找的童话	夸张手法运用的形式（一种或多种）	典型片段（从……到……）	这样写的好处

学习媒介8（表15～表17）：

表15　童话夸张手法运用的习作自评表

本期习作目标	运用夸张手法来编写生动有趣的童话		
本篇习作目标	恰当地运用夸张手法编写童话		
写完这篇习作后我至少读了		1遍　3遍　5遍	
有夸张描写	A　B　C	夸张描写恰当	A　B　C
想象合理、表达清晰	A　B　C	故事生动有趣	A　B　C
语句通顺，无错别字	A　B　C	书写工整，标点正确	A　B　C
习作总评	A+　A　B+　B　C		

表16　童话夸张手法运用的习作他评表

本期习作目标	运用夸张手法来编写生动有趣的童话		
本篇习作目标	恰当地运用夸张手法编写童话		
这篇习作后我至少读了		1遍　3遍　5遍	
有运用夸张手法	A　B　C	夸张描写恰当	A　B　C
想象合理、表达清晰	A　B　C	故事生动有趣	A　B　C
语句通顺，无错别字	A　B　C	书写工整，标点正确	A　B　C
习作总评	A+　A　B+　B　C		

签名：______

表17　童话夸张手法运用的习作教师师评价表

有运用夸张手法	A　B　C	夸张手法运用恰当	A　B　C
想象合理、表达清晰	A　B　C	故事生动有趣	A　B　C
语句通顺，无错别字	A　B　C	书写工整，标点正确	A　B　C
习作总评	A+　A　B+　B　C		
评语			

学习媒介9：TELL成长日志。

小学寓言作品中寓意理解的探究

课程开发者：何媛　李敏

课程实施者：何媛

一、课程设计说明

《义务教育语文课程标准（2019年版）》的学段课程目标要求学生能阅读浅近的童话、寓言、故事等。寓言的趣味性等特征与小学生的认知特点相契合，因此寓言教学在学生审美、思维和传统文化的传承等领域发挥着重要作用。部编版和人教版语文教科书中，小学阶段共编入14 篇寓言，包括低年段的《乌鸦喝水》《寒号鸟》《猴子下山》《咕咚》《揠苗助长》《我要的是葫芦》《陶罐和铁罐》《池子与河流》《鹿角与鹿腿》《守株待兔》《南辕北辙》《北风和太阳》，高年段的《纪昌学射》《扁鹊治病》。关于课外读物的建议，《义务教育语文课程标准（2019年版）》中提出：学生要阅读寓言，如《中国古今寓言》《伊索寓言》《克雷洛夫寓言》等。所以，寓言教学是语文教学的重要组成部分。

寓言以假托的故事来说明道理，给人以启发，在提升学生思维能力方面具有得天独厚的优势。根据寓言故事寓意理解方法的不同，寓言故事可分为三类：由果溯因型、明辨正反型和关系分析型。

在教学实践中，当前寓言教学存在两个方面的不足：一方面是对寓言的寓意理解单一僵化，忽视学生的个性化解读；另一方面是寓言教学只教给学生寓言故事的道理，而漠视理解寓意方法的教学。为促进学生对寓言寓意理解专题的深度学习，笔者把教材中的寓言故事课文和课外经典的寓言故事进行整合，引领学生对寓言进行专题学习，旨在让学生通过自主学习、探究学习、合作学习、反思学习，了解寓言的特点，归纳理解寓言寓意的方法，灵活运用所学方法提升寓言阅读理解能力。

二、课程目标说明

1. 认知领域

（1）学会理解不同类型寓言寓意的方法和借喻的手法。

（2）能够初步运用批判性思维多元解读寓言。

（3）能够随文理解寓言中涉及的中国传统文化。

2. 人际领域

（1）学生通过小组交流活动、自主展示活动、反思质疑环节，学会倾听、表达，学会接纳、尊重。

（2）学生通过对寓言寓意理解方法的归类、研讨，学会合作。

3. 自我领域

（1）学生通过自主批注学习材料、反思学习结果、填写TELL成长日志与专题学习报告等学会学习，学会自我反思与提升，培养自信。

（2）学生通过本课程学习，养成好学、善思、乐于探究的学习态度和情感。

三、课程内容说明

从语文教材和经典寓言课外读物（《中国古代寓言故事》《伊索寓言》和《克雷洛夫寓言》）中选出典型寓言故事作为微整合课程素材。根据寓言寓意理解方法的不同，可将寓言故事分为三种类型。

1. 由果溯因型

寓言故事中只有一个或两个叙事主体，故事按照起因、经过、结果的顺序叙述，寓意随着故事情节的发展卒章显志。

典型文本：《守株待兔》。

文本说明：《守株待兔》故事中的主人公宋国人是一个农夫，故事按照起因、经过、结果的顺序展开。农夫的田里有一个树桩。有一天，一只兔子跑过来，不小心撞在树桩上，脖子折断死了。于是，这个农夫就放下锄头，守在树桩旁边，希望再次捡到兔子。最终，兔子没有再捡到，他却成了宋国人的笑话。

理解寓意的方法——由果溯因法。这一方法源于事物之间的因果关系。在理解寓意时，从故事的结果反推原因，寓意即藏在原因之中。

2. 明辨正反型

故事中有两个叙事主体，两者没有明显的主次之分，却有明显的一对一错，褒扬一个，反对一个，在鲜明的对比中揭示观点。

典型文本：《陶罐和铁罐》。

文本说明：《陶罐和铁罐》的故事讲述了傲慢的铁罐瞧不起陶罐，时刻奚落陶罐。许多年过去了，人们在一片废墟中发现了依然光洁如新的陶罐，铁罐却锈掉了，找不到了。故事中，陶罐和铁罐本都是人们盛东西的器皿，各有优缺点，但两者性格截然不同，铁罐傲慢、自高自大，陶罐谦虚、宽容。结局也形成鲜明对比，陶罐“还是那样光洁、朴素、美观”，铁罐却消失不见了（“把土都掘遍了，但是，连铁罐的影子也没见到”）。两者之间是对比关系，这种对比关系贯穿整个故事。

理解寓意的方法——明辨正反的方法。明辨正反型寓言故事，故事中的主体一般为一正一反、一是一非，作者的情感往往一褒一扬。因此，理解此类寓言故事，采用明辨正反法，即明辨谁是正面主体，谁是反面主体，向正面的主体学习，避免犯和反面主体一样的错误。

3. 关系分析型

故事的叙述主体有三个或以上，其中有一个或两个主要叙述主体，主体各具性格特征，在交锋互动中推动故事情节发展，寓意蕴含其中。

典型文本：这一类寓言多出现在国外寓言故事中，如《伊索寓言》的《老鹰、猫和野猪》。

文本说明：《老鹰、猫和野猪》的故事讲述了老鹰、猫和野猪同住在一棵大树上，猫想独占大树，于是想出了一个挑拨离间计，老鹰和野猪先后中计，最后老鹰和野猪两家活活饿死，成为猫全家一冬天的食物。寓言故事中，猫与老鹰和野猪的关系是挑拨者和被离间者的关系。老鹰和野猪轻信他人的挑拨离间，导致自己丢了性命。

理解寓意的方法——关系分析法，即通过分析各主体间的关系，理解寓言的寓意。

四、课程教学设计

（一）教学对象

五、六年级学生。

（二）教学课时

7课时。

（三）教学方式

自主学习（个人批注），合作学习（小组研讨、全班交流），探究学习（质疑研讨），反思学习（反思总结）。

（四）教学流程

个人批注—展示分享—集体研讨—质疑问难—反思总结—学以致用。

（五）学习策略

学习预曝光、任务（问题）驱动、学习共同体、学习媒介。

（六）教学实施计划

◆◆ 第一部分　课程导入，课前预曝光 ◆◆

1. 做法

教师提前一周安排学习《学习预告》和《入场券》（表1）。

2. 目的

激发学生好奇和期待的心理，使学生为专题学习做好心理准备，并激活学生关于专题学习的有关先期知识。

学习预告：小学寓言作品寓意理解探究

同学们！在未来的一周里，我们将整合课内外经典寓言故事，在课堂内外展开“小学寓言作品中寓意理解的探究”专题学习之旅。这场旅行将经历重重诱惑和挑战，触发脑力激荡的思考极限，体验令人欢欣鼓舞的兴奋和领悟，收获运用自如的成功与自豪……

你准备好了吗？你对“寓言的寓意理解”了解多少？请用心填写《入场

券》来接受挑战吧！

敬请期待即将开启的专题学习之旅。

——×老师　×月×日

表1　小学寓言作品中寓意理解的探究入场券

姓名：______日期：______

序号	问题呼唤	你的应答
1	你读过哪些寓言故事？你能按照一定的标准给它们分类吗？	
2	阅读寓言故事的过程中，你是如何理解寓言故事寓意的？	
3	你有哪些好的理解寓言寓意的方法推荐给大家？	
4	分享一段你搜索到的关于“寓言寓意理解”的信息。（注意标明信息来源）	

第二部分　教学设计

第一课时（简案）

【教学任务】

（1）完成“由果溯因型寓言故事寓意理解方法”的深入分析与交流。

（2）结合深圳改革开放实际，理解韩非子“改革创新”思想。

【教学过程】

（一）回顾故事，总结寓言特点

1. 导入

著名儿童文学作家严文井先生说：“寓言是一个魔袋，袋子很小，却能从里面取出很多东西来，甚至能取出比袋子大得多的东西。寓言是一个怪物，当它朝你走过来的时候，分明是一个故事，生动活泼；而当它转身要走开的时候，却突然变成了一个哲理，严肃认真。”同学们，你们读过哪些有趣的寓言故事？你从中明白了哪些道理？

2. 自由发言

学生分享读过的寓言故事和学到的道理。

3. 引导总结

寓言是一种独特的文学体裁，通过生动简短的故事告诉人们深刻的道理，对人们进行思想教育。聪明的人们用虚拟的故事来比喻现实生活中的人和现象，达到教育人的目的。接下来我们就对寓言寓意理解的方法进行深入探究。

（二）理解由果溯因型寓言故事的寓意，提炼理解方法

1. 小组合作：阅读寓言故事《守株待兔》，完成学习媒介1（见表2）。

表2 《守株待兔》读书记录表

寓言名称	叙事主体	本体（故事）	喻体（寓意）	理解寓意的方法
《守株待兔》		起因（原文回答）		
		经过		
		结果		

问题设计：

（1）故事的主体是谁？

（2）按照事情发展顺序（起因、经过、结果）概述故事。

（3）这个故事告诉了我们什么道理？

2. 分享交流，集体研讨

（1）学生自由发言。

（2）师引导思考：农夫白白捡到一只兔子后，心理活动是怎样的？

《守株待兔》的叙事主体是农夫，故事的起因是农夫有一天偶然碰到一只兔子撞死在树桩上，农夫白白捡到一只兔子。经过是农夫不再干农活，整天守在树桩旁边等着再次捡到兔子，结果农夫再也没有捡到兔子，农田也荒废了，成为宋国人的笑话。这则寓言故事告诉我们：做事情不要抱有侥幸心理，要想收获就要付出劳动；也告诉我们不能把偶然的事情当作必然。

3. 教师引导归纳理解寓意的方法

师：请同学们思考，农夫的农田为什么会荒废？农夫为什么成为宋国人的笑话呢？（引导学生通过故事结果思考产生结果的原因。）

生1：农夫白白捡到兔子后，不再劳动，抱着侥幸心理想再得到兔子，想不劳而获，荒废了农田。

生2：农夫捡到兔子是一件偶然的事情，他却期待天天能够捡到兔子，把偶然的事情当作必然，让人笑话。

师总结：两位同学虽然说得不一样，但说得都很有道理，都是基于故事情

节进行思考的。（学生能够根据故事情节来理解寓意，虽然寓意不一致，也不应该否定学生的理解。）

同学们，刚才我们理解寓意时，从故事的结果反推事情的原因，从而弄明白了寓言的寓意。这种方法叫作由果溯因法。由果溯因法，即根据结果去推求原因的方法，依据源于事物的因果联系，很多事物就是以因果联系形式存在的。

（三）了解韩非子“改革创新”的思想

同学们，《守株待兔》的作者是春秋战国时期法家的代表人物韩非子。这个故事节选自他的《韩非子·五蠹》。故事选编进教材时，稍微做了修改，把故事原文的后一句删掉了。后面还有一句是：“今欲以先王之政，治当世之民，皆守株之类也。”这句话的意思是：而今居然想用过去的治国方略来治理当今的百姓，这都是犯守株待兔的错误呀！所以这则寓言运用《守株待兔》的故事来讽喻当时的治国者，劝告统治者不要死守教条、不知变通，要大胆改革创新。

说到改革，深圳的同学们想起了谁？作为深圳人，又怎能忘记改革开放的总设计师邓小平爷爷呢。正是因为有了邓小平爷爷提出的改革开放，深圳这些年的发展才日新月异，从当年的一个小渔村变成了现在的国际化大都市。而“改革创新”的思想在中国古代的春秋战国时期就已经被韩非子提出来了，韩非子真是有远见卓识，了不起！

【作业布置】

运用由果溯因法的方法理解《邯郸学步》的寓意，完成学习媒介2（表3）。

表3 《邯郸学步》读书记录表

寓言名称	叙事主体	本体（故事）	喻体（寓意）	理解寓意的方法
《邯郸学步》	燕国少年	他很羡慕赵国人走路的姿态，于是走到邯郸去学习当地人的走路姿态。他一会儿学小孩走路，一会儿学老人走路，一会儿学妇女走路……半个月过去，他不仅新的步法没有学会，就连原先的步法都完全忘掉了，只能爬着回到了燕国	不能盲目效仿他人	由果溯因法

参考答案：《邯郸学步》故事的主人公是一个燕国少年，他很羡慕赵国人走路的姿态，于是走到邯郸去学习当地人的走路姿态。他一会儿学小孩走路，一会儿学老人走路，一会儿学妇女走路……半个月过去了，他不仅新的步法没有学会，就连原先的步法都完全忘掉了，只能爬着回到了燕国。这则寓言告诉我们：不能盲目效仿他人。

这个年轻人为什么会有这样的结果？运用由果溯因的方法，找到了原因：他盲目地学习他人。

第三课时

【教学任务】

完成“明辨正反型寓言故事寓意理解方法”的深入分析与交流。

初步运用批判性思维多元理解寓言的寓意。

【教学过程】

（一）导入新课

对比手法是文学作品中常用的一种手法。对比作为一种写作手法，是把具有明显差异、矛盾和对立的双方安排在一起，进行对照比较，让读者在比较中分清好坏、辨别是非，加强文章的表达效果和感染力。寓言故事也经常用到对比手法，如何理解这类寓言故事的寓意呢？让我们一起来探讨学习。

（二）理解明辨正反型寓言故事的寓意

1. 小组合作

请同学们阅读《陶罐和铁罐》，完成学习媒介3（表4）。

表4 《陶罐和铁罐》读书记录表

寓言名称	对比列举	对比的特点	喻体（寓意）	理解寓意的方法
《陶罐和铁罐》				

问题设计：

（1）找一找，故事中有几组对比？把对比列举出来。

（2）故事中的对比有什么特点？

（3）寓言故事告诉我们什么道理？

2. 分享交流，集体研讨

师：请各小组派代表来分享你们的学习成果。

（1）学生汇报寓言故事中的对比。

生：《陶罐和铁罐》故事中的对比有三组：一是材质对比。陶罐易碎却容易保留，铁罐坚硬却不易保留（这一组对比比较隐蔽，学生不一定能够说出来，需要教师引导）。二是态度不同。铁罐性格傲慢、自以为是，常常看不起、奚落陶罐；陶罐谦虚、大度。三是两者结局的对比。随着时间的推移，铁罐氧化了，消失不见了；陶罐依然那么光洁、朴素、美观，成为文物。

师：陶罐和铁罐两个主体在作者的笔下性格鲜明、栩栩如生。作者是如何描写他们的性格的呢？

生1：通过两者之间的对话。

师：请同学们分别用“——”和“~~~”画出陶罐和铁罐说的话，并且好好读一读，读好各自的语气。

生2：我还发现故事中很多描写神态的词语特别逼真。

师：请同学们圈出描写陶罐和铁罐神态的词语，并且尝试用几个词语来形容他们给你留下的印象。

陶罐：（　　　），铁罐：（　　　）。

生：陶罐谦虚大度，铁罐自以为是、骄傲自大。

师：现在请同学们把他们各自的语言和神态放在一起，小组分角色演一演。

（生展示）

（2）故事中的对比有什么特点？

（生自由发言）

师：《陶罐和铁罐》这一类寓言故事，故事中的对比是两个主体间的对比。同学们还发现没有什么？两个主体之间往往存在鲜明的差异，他们的形象一正一反，作者的态度一褒一扬，或让人喜爱敬佩，或让人讨厌同情。

（3）汇报寓言故事的寓意。

师：故事告诉我们什么道理，请同学们结合故事情节各抒己见。

生1：陶罐谦虚、大度，不跟铁罐计较。所以我要向陶罐学习，要谦虚，不要骄傲。

生2：铁罐自以为是、骄傲自大。故事告诉我们不能自以为是、骄傲自大，骄傲的人下场可悲。

生3：故事还告诉我们，要多看别人的长处，正确对待自己的不足。

（4）鼓励学生运用批判性思维，多元理解寓意。

教师小结：同学们能够结合故事情节和主体性格总结故事的寓意，说得都很有道理。虽然说得不一样，但都有理有据。为同学们积极思考，勇于说出自己的观点点赞！寓言故事的寓意隐藏在故事中，比较隐晦，并不是只有唯一的一种，希望同学们大胆思考。

（三）提炼理解明辨正反型寓言寓意的方法

请同学们回顾刚才理解寓意的过程，试着提炼出理解明辨正反型寓言故事寓意的方法。

（1）学生讨论交流，汇报。

（2）教师总结发言。

理解明辨正反型故事的寓意往往要辩证地分析，向正面主体学习，避免犯和反面主体一样的错误。我们把这种方法叫做明辨正反法。同学们运用这种方法时先分别找出故事中的正反面主体，再概括主体的特征，最后向正面主体学习，避免犯和反面主体一样的错误。请同学们完成学习媒介3（表5）。

表5 《陶罐和铁罐》读书记录表

寓言名称	对比列举	对比的特点	主体（寓意）	理解寓意的方法
《陶罐和铁罐》	1.材质不同 2.态度不同 3.结局不同	一正一反 一是一非 一褒一扬	要善于看到别人的长处，正视自己的短处，相互尊重，和睦相处	明辨正反法

【作业布置】

阅读《弈秋授弈》，运用课堂所学的方法理解寓言故事的寓意，完成学习媒介4。

参考答案：《弈秋授弈》的故事讲述了下棋能手弈秋收了两个学生跟着他学习下棋。其中一个学生听课非常专心；另一个却经常走神，上课胡思乱想，心不在焉。结果，两人虽是同一个名师传授，一个成了棋艺高强的棋手，另一个却没有学到一点本事。故事中，两个学生的学习状态形成鲜明的对比，一个专心致志，一个三心二意；结果也形成鲜明的对比，一个成为棋艺高手，一个一事无成。这个故事通过两人的对比，一褒一扬，告诉我们：凡事要专心致志，不能三心二意。

第四课时（简案）

【教学任务】

深入探究“关系分析型寓言故事寓意理解”的方法，完成学习媒介。

【教学过程】

（一）作业反馈

指名交流《弈秋授弈》的作业情况，师生共同倾听，讨论、质疑、补充，达成基本的共识。

（二）阅读课文

小组合作，阅读《老鹰、猫和野猪》（出自《伊索寓言》），探究理解寓言故事的方法，完成学习媒介5（表6）。

表6 《老鹰、猫和野猪》读书记录表

寓言名称	主体	主体间的关系	喻体（寓意）	理解寓意的方法
《老鹰、猫和野猪》				

问题设计：

（1）寓言故事中的主体有哪几个？

（2）主体间有着怎样的关系？主要关系是什么？次要关系是什么？

（3）你从故事中明白了什么道理？

（4）尝试概括理解多主体型寓言故事的方法。

（三）展示交流，集体研讨

师引导思考：主体间有着怎样的关系？

师：猫是如何离间老鹰和野猪之间的关系的？请用不同的线条画出描写猫离间老鹰和野猪的心理、语言和动作的句子。从这些语句中，你读出了什么？（猫心生计谋，抓住老鹰和野猪的软肋——孩子。）

师：我听有的同学说猫很狡猾，“狡猾”一词是贬义词，其他同学有其他的见解吗？（多元解读猫的形象：猫不一定就是恶的，不从道德方面评价，猫很足智多谋，为了达到自己的目的，有方法。）

师：面对猫的挑拨离间，老鹰和野猪又有怎样的反应呢？请再读故事，找出相关的语句读一读。从他们的反应中，你读出了什么？（老鹰和野猪轻易就上当了。）

（四）教师小结

《老鹰、猫和野猪》故事中的主体有三个，即老鹰、猫和野猪，构成三组关系：猫—老鹰、猫—野猪、老鹰—野猪。其中，前两组是主要关系，后一组为次要关系。老鹰、猫和野猪生活在同一棵树下。猫想要独占树，于是心生离间计，离间老鹰和野猪，老鹰和野猪上当，最后成为猫的美餐。猫是离间计的主谋，老鹰和野猪是离间计的中计者（图1）。

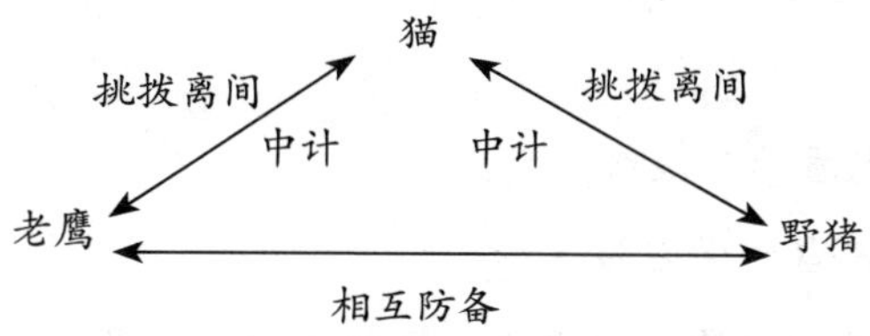

图1 《老鹰、猫和野猪》的动物关系

从主要关系中，我们明白了：不能轻易相信别人的挑拨离间，否则要吃亏。

从次要关系中，我们可以这样思考：对于假想敌，我们需要去验证。

理解这类寓言故事的寓意时，首先，要弄清楚各主体之间是什么关系；其次，还要分清主次关系，主要关系对揭示寓意起到关键作用，次要关系起辅助作用。分析主体间的关系可以帮助我们快速准确理解寓意，这种方法叫作关系分析法。运用关系分析法时，可以像老师一样列出主体间关系的图表（表7），这样更清楚、直观。

同时，对主要关系和次要关系的分析，还可以帮助我们多元理解寓意。大多数学生能够比较准确地抓住寓言故事中的主要关系，得出寓言的寓意。次要关系比较隐蔽，容易被学生有意或者无意地忽略掉。

表7 《老鹰、猫和野猪》的动物关系表

寓言名称	主体	主体间的关系	喻体（寓意）	理解寓意的方法
《老鹰、猫和野猪》	老鹰、猫、野猪	猫—老鹰、猫—野猪（主要）、老鹰—野猪（次要） 猫离间老鹰和野猪，老鹰和野猪上当，猫与老鹰和野猪是施计者与中计者的关系	不能轻易相信别人的挑拨离间，否则要吃亏	关系分析法

【作业布置】

完成《小学寓言作品寓意理解专题学习报告》（学习媒介6）。

第五课时

【教学任务】

对学习媒介6（优质学习报告）的学习情况进行分享、讨论、小结。

【教学过程】

（1）小组讨论优质学习报告。

① 小组内交流各自的学习报告。

② 小组成员点评各自的学习报告，根据等级表评优、良、差等级。

（2）全班交流。

全班交流时，选择的文本要兼顾优、良、差，还要兼顾三种方法：由果溯因型、明辨正反型和关系分析型。

（3）师生共同倾听、讨论、质疑、补充。

（4）总结。

（5）课后作业，修改、完善优质学习报告。

第六课时

【教学目标】

（1）能够运用所学寓意理解的方法，当堂完成指定寓言篇目寓意的理解。

（2）能够运用批判性思维，个性化解读寓意。

（3）了解庄子的“无为”思想，理解当下的“可持续发展”理念。

【教学过程】

（一）阅读寓言故事

《鲁侯养鸟》（出自《庄子》），完成学习媒介8（表8）。

表8 《鲁侯养鸟》读书记录表

寓言故事题目	类型	本体（故事）	寓意	方法
《鲁侯养鸟》				

问题设计：

（1）这则寓言故事属于哪种类型？依据是什么？

（2）寓言讲述了一个怎样的故事？概述寓言故事。

（3）寓言故事告诉我们什么道理？

（4）运用哪种方法理解寓言故事的寓意？

（二）互动环节

师生交流、讨论。

（三）教师引导思考并小结

1. 辨别寓言故事的类型

故事的主体是鲁侯，故事按照起因、经过、结果的顺序展开，属于由果溯因型寓言故事。故事讲述了鲁侯喜欢上了一种海鸟，认为它是神鸟，把它带回皇宫，放进金光闪闪的笼子里，用牛肉、羊肉、猪肉等原料烹饪美食给它食用，奏乐给它听，跳舞给它看。海鸟却浑身发抖，不吃不喝，死了。

2. 品味语言，感受形象

师：鲁侯得到神鸟后，是如何做的呢？请你画出相关句子，读一读。

师：鲁侯建庙，把鸟装进金笼子，安排美食，演奏音乐给鸟听，让人跳舞给鸟看。从中你读出了什么？（鲁侯对鸟的照顾无微不至）

师：那鸟的反应又是怎样的？画出写鸟的反应的句子。（鸟害怕、无法适应）

3. 用由果溯因法，得出寓言寓意

鲁侯对海鸟的照顾可谓无微不至，却导致海鸟的死亡，为什么呢？运用由果溯因的方法，我们得出寓言的寓意。

故事告诉我们什么道理？有的同学会说：鲁侯不了解和尊重海鸟的生活

习性，违背了自然运行的规律。事物一旦违背了自然运行的法则，其结局注定悲哀。

也有的同学会说：鲁侯太自以为是，是他的主观臆断将海鸟置于死地。这则故事告诉我们：不能想当然把自己的意志强加在别人身上，否则只会与自己想要的结果背道而驰。

同学们从不同的角度开动脑筋，理解寓言的寓意，有理有据，言之有理。

4. 了解庄子“道法自然”的思想和中国传统文化

同学们知道这则寓言故事的作者是谁吗？他是我国古代著名思想家——庄子。庄子是春秋战国时期道家的代表人物之一。

庄子简介：战国时期道家学派代表人物，庄学的创立者，与老子并称“老庄”。春秋战国时期，道家的主要代表人物是老子和庄子，“无为”和“道法自然”是道家学派的两个最主要的思想。“无为”不是没有作为，而是在了解事物、事件的扎实基础上顺其自然，不要妄为；“道法自然”就是“道”以自然为最高的、最根本的法则，自然不单指自然界，而是兼指自然如此，自然而然。如果这篇寓言故事中的鲁侯在海鸟的问题上采取“无为”即“不妄为”的态度，不违反海鸟的习性，不把海鸟迎到鲁国宗庙来款待和供养，而是遵循鸟的习性，让它回归自然、回归大海，把它送到海边，选一个比较开阔、安静的环境，把它放到无边无际的天空和海域中去，那它绝不会不吃不喝，两眼昏眩，心里悲伤，熬过了整整三天才死去。

5. 结合生活理解“无为”的思想

中国正在构建社会主义和谐社会，其中有一条理念，就是“人与自然和谐相处”，既要发展生产，生活富裕，也要生态良好，人与自然和谐相处，和谐共生，人类尊重自然，合理利用自然资源，从而实现可持续发展。

【作业布置】

完成学习媒介9：TELL成长日志。

第七课时

【教学准备】

学习媒介9：TELL成长日志。

【教学目标】

回顾、总结、梳理本课程的学习经历，学生能够对教学过程、学习体验、学习策略以及学习结果进行自我反思、自我评价。

【教学过程】

（1）组内分享交流TELL成长日志。

（2）自荐或他荐TELL成长日志进行班级分享交流。

（3）评选出“最佳课程学习之星”［学习媒介10（表9］，并说明理由。

表9 “最佳课程学习之星“评分表”

作品：______ 作者：______

评价项目		分值	自评	他评	单项总分
课堂表现（10分）	认真听讲	+2			
	合作交流	+2			
	踊跃发言	+3			
	思考深入	+3			
课后练习（7分）	字迹工整	+2			
	内容完整	+2			
	思考深入	+3			
优质学习报告（13分）	字迹工整	+2			
	语句通顺	+2			
	思路清晰	+2			
	结构完整	+3			
	适当拓展	+4			
综合得分（30分）					
评价说明： 1. 综合评分为自评和他评得分之和。 2. 综合得分26～30分为优秀，21～25分为良好，16～21分为合格					

五、附录（课程实施反思、学生作品展示）

1. 课程实施反思

（1）课前预测（含教学设计与教学目标是否吻合）。

____

____

（2）课中课后的反思（含成功之处、不足之处、教学灵感和再教设计等）。

____

____

2. 学生作品展示

（1）“小学寓言故事寓意理解探究”专题学习报告。

____

____

（2）学生作业展示。

____

____

3. 学习媒介

____

____

学习媒介1（表10）：

表10　学习专题：小学寓言作品寓意理解探究入场券

姓名：______ 日期：______

序号	问题呼唤	你的应答
1	你读过哪些寓言故事？你能按照一定的标准给它们分类吗？	
2	阅读寓言故事的过程中，你是如何理解寓言故事寓意的？	
3	你有哪些好的理解寓言寓意的方法推荐给大家？	
4	分享一段你搜索到的关于“寓言寓意理解”的信息。（注意标明信息来源）	

学习媒介2（表11）：

表11 由果溯因寓言故事寓意理解的方法

寓言名称	叙事主体	本体（故事）	喻体（寓意）	理解寓意的方法
《守株待兔》		起因		
		经过		
		结果		

学习媒介3（表12）：

表12 课后练习（一）

寓言名称	叙事主体	本体（故事）	喻体（寓意）	理解寓意的方法
《邯郸学步》		起因		
		经过		
		结果		

学习媒介4（表13）：

表13 明辨正反型寓言故事寓意理解的方法

寓言名称	对比列举	对比的特点	喻体（寓意）	理解寓意的方法
《陶罐和铁罐》				

学习媒介5（表14）：

表14 课后练习（二）

寓言名称	对比列举	对比的特点	喻体（寓意）	理解寓意的方法
《弈秋授弈》				

学习媒介6（表15）：

表15 关系分析型寓言故事寓意理解的方法

寓言名称	主体	主体间的关系	喻体（寓意）	理解寓意的方法
《老鹰、猫和野猪》				

学习媒介7（表16）：

表16 学习效果检测

寓言名称	主体	主体间的关系	喻体（寓意）	理解寓意的方法
《鲁侯养鸟》				

学习媒介8（表17）：

表17　小学寓言作品寓意理解探究专题究学习优质报告

姓名：________ 日期：________

第一部分：运用恰当方法理解三种类型寓言故事的寓意
第二部分：我的评价和感想
第二部分：我的应用计划。灵活运用所学方法，理解不同类型寓言的寓意，甚至在阅读寓言故事时，学生能够有意识地使用所教方法以外的方法理解寓意

写作提纲见表18。

表18　写作提纲

	题目
	作者、班级
在学习本课程之前，我____	学习之前存在的问题
最近一周，我们学习了寓言作品寓意理解的三种方法，分别是____	研究的内容主要是理解寓言寓意的三种方法和五篇寓言故事
一、由果溯因型	举例说明三种寓言故事的特征和理解三种寓言故事寓意的方法
语文三年级下册有则寓言故事《守株待兔》，通过学习，我知道故事按照起因—经过—结果的顺序展开。我采用由果溯因的方法，由故事结果“兔不可复得，而身为宋国笑”反推导致这一结果的原因，是因为农夫“不劳而获”的思想，或者是因为他“不懂得变通”的思想。我得出了这则寓言的寓意，即我们不能抱有不劳而获的思想，要勤劳；人不能因循守旧，要勇于创新。在理解寓言寓意时，我不仅采用了由果溯因的方法，而且了解了这则寓言的创作者韩非子的思想观点和创作背景，对我深入理解寓意有很大的帮助，我感受到了寓言故事中蕴含的古人的智慧	
二、明辨正反型	
三、关系分析型	

续 表

	题目
	作者、班级
这样的学习，我们是第一次，以往都是一则寓言一则寓言分散地学，这次是课内外的寓言故事根据不同的理解方法分类放在一起，很有意思，我喜欢这样的学习。此次探究我有不小的收获，________________	我的评价和感想
学完这个微课程后，我想到了一则寓言故事《　　》，下面我运用所学对这则寓言的寓意进行理解，________	我的应用： 阅读方面：运用所学方法，自选一篇寓言故事理解寓意。
	结尾

学习媒介9：TELL成长日志。

学习媒介10（表19）：

表19　“最佳课程学习之星”评分表

作品：______作者：______

评价项目		分值	自评	他评	单项总分
课堂表现（10分）	认真听讲	+2			
	合作交流	+2			
	踊跃发言	+3			
	思考深入	+3			
课后练习（7分）	字迹工整	+2			
	内容完整	+2			
	思考深入	+3			
优质学习报告（13分）	字迹工整	+2			
	语句通顺	+2			
	思路清晰	+2			
	结构完整	+3			
	适当拓展	+4			
综合得分（30分）					
评价说明： 1. 综合评分为自评和他评得分之和。 2. 综合得分30～26分为优秀，25～21分为良好，30～16分为合格					

学习媒介11：TELL成长日志。